**어떤 문장은,
가만히 나를 안아준다**

어떤 문장은, 가만히 나를 안아준다

엮은이 붉은여우
감수자 손창용
펴낸이 임상진
펴낸곳 도서출판 넥서스

초판 1쇄 발행 2020년 4월 25일
초판 3쇄 발행 2020년 8월 20일

2판 1쇄 발행 2025년 4월 5일
2판 2쇄 발행 2025년 4월 10일

등록 2011년 10월 19일 제406-251002011000302호
주소 10880 경기도 파주시 지목로 5 (신촌동)
전화 (02)2088-2013

ISBN 979-11-94462-03-3 03800

저자와 출판사의 허락 없이 내용의 일부를
인용하거나 발췌하는 것을 금합니다.

가격은 뒤표지에 있습니다.
잘못 만들어진 책은 구입처에서 바꾸어 드립니다.

**하루 딱 10분!
문학이 가까워지는 시간**

어떤 문장은,
가만히 나를 안아준다

붉은여우 엮음
손창용 감수

Franz Kafka
Lev Nikolayevich Tolstoy
Mark Twain
Alexa Hawson
Sylvia Plath
Francis Scott Key Fitzgerald
Ernest Miller Hemingway
Hermann Karl Hesse

Johann Wolfgang von
Goethe
Dante Alighieri
Fyodor Mikhailovich
Dostoevsky
Charles Dickens
Arthur Rimbaud
Joseph Rudyard Kipling
Guy de Maupassant
Henry Miller
Honoré de Balzac
기타

Simone de Beauvoir
Emile Zola
Lou Andreas Salomé
George Sand
Antoine de Saint-Exupéry
소포클레스
Stendhal
Oscar Wilde
Virginia Woolf
김소월
윤동주
Anton Pavlovich Chekhov

지식의 숲

감수의 글

✦ 여기, 이야기가 있다.

책을 좋아하지 않는 이들도 이야기를 좋아한다. 누구나 이야기를 좋아한다고, 감히 말할 수 있을 만큼 '이야기'의 힘은 크다. 우리네 삶에 어떤 영향을 끼치고 어떤 결과를 가져오느냐까지 가지 않더라도, 그저 매력적인 이야기이기 때문에 귀를 쫑긋 세우는 것이다.

그래서 문맹률이 높았던 시대에도 이야기꾼은 늘 있었다. 장터에서나 길가나 광장에서 현재의 이야기를, 내려오는 이야기를 전했다. 또 이야기는 입에서 입으로 되풀이되어 전해졌다. 새로운 이야기가 등장하고, 또 다른 이야기가 등장하고. 그럼에도 살아남는 이야기를 우리는 '고전' 또는 '명작'이라고 한다.

오늘날도 그렇다. 꼭 책을 통한 독서가 아니더라도 무언가 읽거나 듣는다. 나와 세계는 그렇게 연결된다. 현실, 실제, 사실의 이야기를 읽거나 듣는다면 저널리즘 같은 비소설류가 될 테고, 허구의 이야기를 읽거나 듣는다면 소설류가 될 테다.

무엇이든 '진실'을 담아낸 이야기가 남는다.

✦
여기, 한 문장이 있다.

때로는 한 편의 소설이 아니, 하나의 문장이 삶에 숨구멍을 틔워준다. 어두컴컴한 나날 속에 빛 한 줄기가 된다. 말 그대로 길을 열어주는 빛이다. 빛 또는 길, 숨 또는 힘이라 불러도 좋다. 그 문장을 만나기 전과는 다른 삶을 살게 되는, 방향을 바꾸는 전환점이 되는 그런 문장이 있다.

✦
여기, 사람이 있다.

시대로나 공간으로나 나와 상관없는, 작가의 글이 나에게 말을 걸어올 때가 있다. 나에게 하는 말이 아닌, 숱한 독자와 대중에게 그것도 그 시대 다수의 사람들에게 한 말일 텐데, 어째서 지금 내게로 와 귓속말을 하듯이, 작지만 명확하게 그 목소리가 전해지는 것일까. 그래서 독서는 작가와 독자와의 만남이란 걸, 다시금 깨닫기도 하는 것이다.

세계문학에 큰 족적을 남긴 거장이라 해도, 한 사람이다. 작가 한 사람과 독자 한 사람이 만나는 일은, 작가가 남긴 글로써 가능하다. 여기, 30명의 문호와 만날 수 있는 기회가 있다. 거장을 만나는 낮은 문턱이 되기를 감히 바란다.

✦

어떤 문장은,

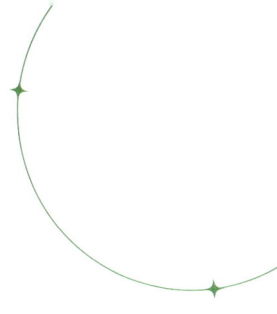

단 한순간에 감정을 뒤흔듭니다.

주체할 수 없는 감정을
가만히 꼭 안아줄 수 있는
문호들의 한 문장이 필요했다면
이 책을 잘 만난 것입니다.

여기엔 서른 명의 세계적 문호들의 이야기가
책 한 권으로 남아 있습니다.

**문학을 접한다는 것은
한 사람과 그의 생애를 만나는 것입니다.**

왜 삶이 힘겨울 때 앞서간 거장을 찾게 될까요?
왜 삶이 지칠 때 문학을 읽게 될까요?
문학은 답을 주지 않지만,
눈과 길을 열어주기 때문은 아닐까요.

우리는 이들의 글을 읽으며
놀라운 통찰과 지혜, 인생의 비기,
인생의 위로와 나아갈 희망을
얻을 수 있을 것입니다.

이 책은 서른 명의 거장들에 대해
어쩌면 몰라도 되는 이야기를 담고 있습니다.

그러나 읽다 보면
우리 삶을 풍요롭게 하는 명작을 남긴
작가들의 삶에 푹 빠지게 될 것입니다.

**그렇게 그 문장은,
가만히 나를 안아줄 것입니다.**

contents

● 감수의 글 004

01
나폴레옹도 칭송한 세계 문학사의 거인 **014**

요한 볼프강 폰 괴테
Johann Wolfgang von Goethe

02
단 하나의 사랑을 노래하다 **024**

단테 알리기에리
Dante Alighieri

03
진정한 행복이란 무엇인가 **034**

표도르 도스토옙스키
Fyodor Mikhailovich Dostoevskii

04
대중을 사랑한 최고의 엔터테이너 **044**

찰스 디킨스
Charles Dickens

05
빨리 피고 빨리 스러진, 반항과 방랑의 대명사 **054**

아르튀르 랭보
Arthur Rimbaud

06
피와 살을 사랑한 방랑자 **064**

D. H. 로렌스
David Herbert Lawrence

07
운명아 길을 비켜라, 염세주의자의 길 **074**

기 드 모파상
Guy de Maupassant

08
성의 신비를 찾아 떠나는 방랑의 길 **084**

헨리 밀러
Henry Miller

09
파격은 나의 삶 **094**

오노레 드 발자크
Honoré de Balzac

10
문학사에서 지워진 이름 **104**

백석
ΓΗι

11
자신의 주장을 자신의 삶으로 증명한 **114**

시몬 드 보부아르
Simone de Beauvoir

12
남자보다 강하고 어린아이보다 순진했던 **124**

에밀리 브론테
Emily Bronte

13
진정한 팜 파탈은 무엇일까 **134**

루 살로메
Lou Andreas-Salomé

14
사랑한다, 고로 존재한다 **144**

조르주 상드
George Sand

15
별이 되어 하늘로 날아간 어린 왕자 **154**

앙투안 드 생텍쥐페리
Antoine de Saint-Exupéry

16
자유를 노래한 진정한 낭만주의자 **164**

쉬즈모
徐志摩

17
살았고, 썼고, 사랑했던 못생긴 남자 **174**

스탕달
Stendhal

18
'전설'이라 불리는 사나이 **184**

오스카 와일드
Oscar Wilde

19
여성이여, 깨어나라! **194**

버지니아 울프
Virginia Woolf

20
이상한 천재를 아시나요 **204**

이상
李箱

21

사소하지만 절박한, 일상적이지만 특별한 **214**

장아이링
張愛玲

22

산다는 것은 무엇일까 **224**

안톤 체호프
Anton Pavlovich Chekhov

23

부조리를 부조리한 남자 **234**

프란츠 카프카
Franz Kafka

24

'방탕'이 불러온 문학의 향기 **244**

레프 니콜라예비치 톨스토이
Lev Nikolaevich Tolstoi

25

전 세계인에게 즐거움을 준 미국식 유머 **254**

마크 트웨인
Mark Twain

26

잃어버린 나 자신을 만나다 **264**

마르셀 프루스트
Marcel Proust

27

천재는 불행을 먹고 사는 존재인가 **274**

실비아 플라스
Sylvia Plath

28

과연 '실패자'라고 불러야 할까 **284**

F. 스콧 피츠제럴드
Francis Scott Key Fitzgerald

29

'남자다움'이란 무엇인가? **294**

어니스트 헤밍웨이
Ernest Miller Hemingway

30

내면으로 가는 길은 어디에 **304**

헤르만 헤세
Hermann Karl Hesse

가만히 나를 안아줄,
거장들의 문장 속으로…

Johann Wolfgang von Goethe
요한 볼프강 폰 괴테
독일 프랑크푸르트 1749 ~ 독일 바이마르 1832

나폴레옹도 칭송한 세계 문학사의 거인

1749년 마인 강변의 프랑크푸르트에서 부유한 집안의 장남으로 태어난 독일의 작가이자 철학자, 과학자다. 어릴 때부터 그리스어, 라틴어, 히브리어, 프랑스어, 영어, 이탈리아어 등을 배웠고, 아버지의 서재에서 2천여 권에 달하는 각종 서적을 섭렵했다. 라이프치히대학에서 법학을 공부했으나 법학보다는 문학에 더 열정을 보여, 1767년에 첫 희곡 《연인의 변덕》을 썼다. 1770년 슈트라스부르크대학 재학 당시 호메로스, 오시안, 셰익스피어의 위대함에 눈을 떴으며 이때 '질풍노도 운동'의 계기를 마련했다.

1772년 법률 사무소 견습생일 때 약혼자가 있는 샤를로테 부프와 사랑에 빠졌는데, 이때의 체험으로 쓴 작품이 《젊은 베르테르의 슬픔》이다. 1774년 발표된 이 작품으로 전 유럽을 열광의 도가니로 몰아넣은 괴테는 카를 아우구스트 공작의 초청을 받아 1775년 바이마르로 이주했다. 그리고 이 도시를 문화의 중심지로 끌어올리는 데 결정적인 역할을 했다. 행정가로도 활동하며 다양한 성과를 거두었고, 식물학·해부학·광물학·지질학·색채론 등 인간을 설명하는 모든 분야에 관심을 기울였다.

1786년 이탈리아 여행에서 고전주의 문학관을 확립했으며, 1794년 프리드리히 실러를 만나고 나서 함께 독일 바이마르 고전주의를 꽃피웠다. 1796년 대표적인 교양소설 《빌헬름 마이스터의 수업시대》를 썼고, 1805년 실러의 죽음으로 큰 충격에 빠졌지만 창작 활동과 연구는 끊임없이 이어졌다. 스물네 살 때 구상을 시작해 생을 마감하기 바로 전에 완성한 역작 《파우스트》를 마지막으로 남기고 1832년 타계했다. "여기도 사람이 있군." 나폴레옹이 괴테를 자신에 버금가는 인물로 인정하며 한 말이다. 괴테의 위대함을 알 수 있는 최상의 찬사로 여겨진다.

대표작으로 《젊은 베르테르의 슬픔》《빌헬름 마이스터의 편력시대》《파우스트》 등이 있다.

●우리를 이끄는 건 무엇일까

"요즘 열중하고 있는 게 뭐야?" 누군가 이렇게 묻는다면 무슨 대답들을 할까? 각양각색의 대답이 흘러나올 것이다.

"인간, 특히 이성."

이렇게 거침없이 대답했을 것 같은 문학가가 있다. 물론 남자라면 여자, 여자라면 남자에게 열중하는 것은 지극히 당연한 일이고, '인간, 특히 이성'에게 열중한 문학가는 수없이 많다. 하지만 이것을 평생의 중요한 테마로 삼고 작품으로 승화시킨 작가를 한 명만 꼽으라면 바로 요한 볼프강 폰 괴테일 것이다.

"영원히 여성적인 것이 우리를 이끈다." 괴테가 50년 이상의 시간을 들여 완성한 대작 《파우스트》의 마지막에 나오는 문장이다. 이것이야말로 '인간, 특히 이성'에 열중한 괴테를 표현하는 가장 핵심적인 말일 것이다.

괴테가 평생 만난 여성은 이름이 확실히 알려진 사람만 해도 열두 명이 넘는다. 그의 첫사랑은 열네 살 때 만난 그레트헨이라는 소녀였는데, 괴테의 자서전이라 할 수 있는 《시와 진실》에서도 그레트헨에 대한 이야기가 나온다. 자서전의 제목 '시와 진실'은 결국 '거짓'과 '참'을 의미하는 것으로 보이며, 그 제목대로 괴테의 자서전은 어디까지가 '거짓'이고 어디까지가 '참'인지 구분하기가 어렵다. 그러나 첫사랑만큼은 '참'인 것임에 틀림없어 보인다. '영원히 여성적인 것이 이끄는' 대로 새로운 세계에 도달하는 것이 괴테의 가장 중요한 테마였기 때문이다.

열네 살에 만난 첫사랑을 시작으로, 괴테는 참으로 다양한 여성에게 열중했다. 일흔네 살에 열일곱 소녀에게 청혼을 했다니 기가 막힐 노릇이다. 물론 거절당했고, 그것이 그의 일생 마지막 사랑이었다고 하니 조금은 다행으로 여겨진다.

● 자살을 꿈꾸며 쓴 《젊은 베르테르의 슬픔》

괴테에게 여성 편력은 살아나가는 데 꼭 필요한 것이었으며 문학 작품을 만들어내는 원동력이기도 했다. "장미를 보면 시를 써라, 사과를 보면 깨물어라." 《파우스트》에는 나오는 문장이다. 아마도 괴테에게 장미이면서 동시에 사과인 것은 여성이 아니었을까 싶다. 《젊은 베르테르의 슬픔》도 이런 여성 편력에서 비롯된 작품으로 여겨지는데, 지독할 만큼 고통스러운 괴테의 실제 체험이 바탕이 됐다.

스물세 살에 변호사가 된 괴테는 실무를 배우기 위해 찾아간 작은 시골 마을에서 샤를로테라는 여성을 만나 사랑에 빠지지만, 그녀에게는 이미 약혼자가 있었다. 결국 괴테는 사랑을 포기하고 고향인 프랑크푸르트로 돌아오지만, 그때부터 자살 충동에 휩싸인다. 침대 맡에 항상 단도를 두고, 잠들기 전 그 칼끝으로 자신의 가슴을 찌를 수 있을지 없을지를 생각했다고 자서전 《시와 진실》에서 밝혔지만 실제 자살을 시도하진 않았다. 오히려 어리석은 그런 자신을 조소하며 샤를로테와의 이야기를 글로 써야겠다고 결심했다. 마침 그 무렵 그의 친구가 남편이 있는 여성에 대한 사랑 때문에 자살했다는 소식을 듣게 되고, 그 순간 괴테는 《젊은 베르테르의 슬픔》에 대한 영감을 떠올리게 됐던 것이다. 괴테 자신의 체험과 친구의 자살이 한데 묶여 《젊은 베르테르의 슬픔》이 탄생한 셈이다.

《젊은 베르테르의 슬픔》은 발표되자마자 전 유럽을 열광시켰고, 주인공 베르테르를 흉내 내어 푸른 연미복에 노란 조끼를 입고 권총으로 자살하는 젊은이가 속출했다고 한다. 괴테 자신을 자살에서 벗어날 수 있게 한 작품이 반대로 많은 젊은이들을 자살로 내몬 것이다. 참으로 아이러니한 일이 아닐 수 없다.

● **'또 하나의 괴테'는 어디에?**

괴테의 살아가는 방식은 이렇게 아슬아슬한 순간에 자신의 격정에서 물러서는 것이 아닐까 싶다. 여자 문제에 관해서 특히 더 그랬다. 괴테가 예순 살에 쓴 《친화력》이라는 소설도 이런 체험이 바탕이 됐다.

괴테의 '친화력'을 받게 된 여성은 그보다 무려 마흔 살도 더 어린 열여덟 살의 소녀였다. 그는 이 소녀를 격정적으로 사랑했지만, 당시 괴테는 막 결혼한 몸이었다. 그는 서른아홉 살에 크리스티아네 폰 불피우스라는 조화彫花 공장 여공과 동거를 시작했는데, 그로부터 이십 년 가까이 지난 후에야 정식으로 결혼식을 올렸다. 괴테가 이 열여덟 살의 소녀를 사랑하게 된 것은 그 이듬해의 일이었다. 즉, 이십 년 가까이 동거한 아내와 정식으로 결혼한 지 얼마 되지도 않은 예순의 남자가 젊은 아가씨에게 사랑을 느껴 나이 든 아내를 버려야 할지 말지 고민하는 상황에 처한 것이다. 결국 젊은 아가씨를 단념했지만, 괴테는 자신의 경험에서 문학적 테마를 발견하고 친화력(두 종류의 화합물이 만나 새로운 화합물을 만드는 원소 간에 작용하는 힘을, 신성한 결혼생활을 파괴하는 힘에 빗대었다)의 노예가 되어버린 두 쌍의 남녀의 운명을 그렸다. 그것이 아직까지도 많은 사람들의 공감을 불러일으키는 《친화력》이라는 작품이다.

《친화력》은 불안정한 모습을 보이는 한 부부 앞에 한 쌍의 남녀가 등장하면서 벌어지는 일을 다룬다. 작품 속에서 아내는 이성적으로 행동해 화를 면하지만 남편은 실수를 범하여 목숨을 잃게 되는데, 이것은 괴테에게 있어 또 다른 자아가 대입된 소설이라고 해도 좋을 것이다. 그가 현실 속에서 행하고 싶었으나 결코 하지 못했던 것을 작품 속에서 표현해냈다고 할 수 있다. 이렇듯 괴테는 자신의 욕망을 소설로 표현하며 만족해야 했다. 이《친화력》이라는 작품에 그려진 것은 현실에는 결코 존재할 수 없는 '또 하나의 괴테'이다.

괴테의 절친한 친구 실러는 이렇게 말한 적이 있다. "괴테는 그 어디를 살펴보더라도 도저히 이해할 수가 없는 대단한 에고이스트다. 그는 타인의 마음을 사로잡는 재능을 가지고 있으면서 동시에 자기 자신을 언제나 자유롭게 내버려둘 수 있는 사람이다. 결코 스스로를 희생하는 법이 없다." 실러의 말처럼 철저한 에고이스트였던 괴테는 연애에서 발생되는 그 어떤 고난에도 다치거나 희생하는 일이 없었다.

괴테는 상대방을 사랑에 도취시킬 뿐 자기 자신은 사랑에 도취되는 일이 없는 사람이었다. 연애 상대에게 자신의 친화력을 남김없이 발휘만 할 뿐 상대의 친화력에 넘어가지 않도록 자신을 지키는 방법을 괴테는 잘 알고 있었던 것 같다. 그런 사람이 아니었다면, 평생 그렇게 많은 사랑을 하지는 못했을 것이기에.

● 거장이 부르는 참회의 노래

불멸의 대작《파우스트》에는 파우스트에게 유혹당한 후 버려지고, 끝내 부정한 관계로 태어난 자신의 아이를 살해한 죄로 사형에 처해지는 그레트헨이 등장한다. 그렇다면 그레트헨의 모델이라 일컬어지는 여성은 누굴까? 괴테가 스물한 살 때 격정적으로 사랑했던 (목사의 딸) 프리데리케라는 설이 유력하다. 프리데리케는 그 당시 열여덟 살이었다.

괴테는 "그 우아함은 꽃피는 대지와도 겨룰 수 있으며, 흐려지는 일 없이 늘 쾌활한 그 얼굴은 푸르른 하늘과 겨루는 듯 보였다"라고 프리데리케를 표현했다. "한 소년이 보았네 / 들에 핀 장미꽃 / 너무도 싱싱하고 해맑아"라고 시작되는 괴테의 시 〈들장미〉도 프리데리케와의 추억에서 탄생한 작품이다. 이 시는 특히 슈베르트의 작곡으로도 유명하다. 괴테와 프리데리케는 영원한 사랑을 맹세했지만, 괴테는 그 소녀를 끝내 저버렸다. 괴테는 평생 그 죄책감에서 벗어나지 못했으며,《파우스트》는 프리데리케를 시작으로 괴테가 저버린 여인들을 향해 바치는 참회의 노래이기도 하다.

여성들에 관한 모습만을 보면 괴테의 생애가 그야말로 '파란만장'했을 것이라 생각하기 쉽지만, 의외로 그의 삶은 지극히 평온하고 무탈했다. 괴테는 바이마르라는 인구 약 6천 명 정도의 작은 공국公國의 행정가로 근면하게 일하면서 재상에서 내각주석의 자리까지 올랐다. 광산의 감독을 맡고 있을 무렵에는 지질학 및 광물학 연구에 몰두하기도 했다.

1832년 3월 22일, 괴테는 83세의 나이로 세상을 떠나며 유언으로 "좀 더 빛을……"이라는 말을 남겼다고 한다. 하지만 이것은 명언이라거나 명문장이라고 하기는 어렵다. 시력을 잃어가면서 죽음을 맞이하는 인간이라면 누구나 입에 담을 만한 말이기 때문이다. 그런 말보다 "좀 더 사랑을"이라고 말했어야 괴테답지 않았을까.

문학사에 거대한 발자취를 남긴 이 거장은 바이마르의 한 묘지에서 평생의 친구였던 실러와 함께 누워 있다.

○ 인생은
속도가 아니라
방향이다.

**○ 역경 중에
행복한 날을
회상하는 것만큼
괴롭고
슬픈 것은 없다.**

○ 가장 유능한 사람은
가장 배움에 힘쓰는
사람이다.

○ 고통이 남기고 간 뒤를 보라!
고난이 지나면
반드시 기쁨이 스며든다.

○ 타인을 자기 자신처럼 존경할 수 있고,
자기가 하고 싶다고 생각하는 것을
타인에게 할 수 있다면
그 사람은 참된 사랑을 알고 있는 사람이다.
그리고 세상에 그 이상 가는 사람은 없다.

이탈리아 여행 중인 괴테를 그린 〈캄파냐 로마나에 있는 괴테〉
티슈바인, 1787

배는 항구에 정박해 있을 때 가장 안전하다.
그러나 그것이 배의 존재 이유는 아니다.

**눈물 젖은 빵을 먹지 못한 자는
인생의 참맛을 모른다.**

《빌헬름 마이스터의 수업시대》

이 세상에서 다른 사람의
마음을 이해하기란
얼마나 어려운가!

《젊은 베르테르의 슬픔》

**아무리 어두운 충동에 던져질지라도
선한 인간은 바른 길을 잃지 않는다.**

《파우스트》

Johann Wolfgang von Goethe

Dante
Alighieri

단테 알리기에리

이탈리아 피렌체 1265 ~ 이탈리아 라벤나 1321

단 하나의 사랑을 노래하다

1265년 이탈리아 피렌체의 귀족 가문에서 태어났다. 13세기를 대표하는 이탈리아의 시인, 정치가, 언어학자다. 어릴 시절부터 시와 라틴어 등에 심취했으며, 자신의 정신적 지도자로 여길 만큼 고대 로마 시인 베길리우스를 존경했다. 신학을 비롯해 철학, 어학 등 다방면에 걸쳐 교육을 받았다. 특히 피렌체의 뛰어난 철학자이자 정치가였던 브루네토 라티니에게서 많은 가르침을 받았다. 아홉 살에 평생의 사랑 베아트리체 포르티나리와 운명적으로 만났고, 9년이 지나 재회한 후 강렬한 사랑에 빠졌다. 베아트리체는 단테의 문학 속에서 가장 완벽하고 이상적인 여인으로 등장한다. 베아트리체는 단테를 문학과 철학의 세계로 나아가게 이끈 주인공으로서 단테의 인생에서 빼놓을 수 없는 신비의 여인이다.

단테는 젊은 시절부터 문학과 학문으로 상당한 사회적 지위를 누렸으며 정치에도 적극적으로 참여했다. 하지만 정당 싸움에 휘말려 영구추방형을 선고받고 죽을 때까지 고향에 돌아가지 못했다. 이탈리아 각지를 떠도는 방랑자의 몸이 된 단테는 그 시기 동안 이탈리아의 곳곳을 관찰하며 자신의 생각을 키워나갔다. 이 방랑의 세월이 단테에게 철학, 정치, 언어, 종교, 자연과학에 이르기까지 다양한 분야의 저서를 남길 수 있는 기회가 된 셈이다. 1321년 라벤나에서 말라리아로 추정되는 열병으로 타계했다.

대표작으로 《신곡》《향연》《신생》《농경시》 등이 있다.

● 영원한 사랑의 대명사, 베아트리체

　사랑의 결과가 어찌되었든 첫사랑은 누구나 있게 마련이고, 살면서 좀처럼 잊지 못할 추억을 남긴다. 첫사랑을 떠올릴 때마다 가슴이 아린 사람도 있고, 아직도 두근거리는 사람도 있을 것이다. 하지만 이런 감정은 살면서 가끔씩 일회적으로 느낄 뿐 평생 지속되지는 않는다. 사람마다 정도의 차이는 있겠지만, 첫사랑은 이렇듯 언뜻언뜻 떠오르는 달콤쌉싸름한 기억으로, 아련한 추억으로 남게 마련이다.

　하지만 첫사랑을 평생토록 가슴에 품고 저버리지 않는 사람도 있다. 그런 사람 중 가장 유명한 사람을 꼽는다면 누굴까?《신곡》을 쓴 단테 알리기에리가 대표 인물 아닐까 싶다.

　이탈리아 피렌체에서 태어난 단테는 아홉 살 때 길에서 우연히 만난 베아트리체라는 소녀에게 한눈에 반했다. 그리고 그녀를 향한 연시 쓰기를 평생의 직업으로 삼았다. 단테에게 있어 베아트리체는 '영원한 사랑'의 대명사, 그 자체였다.

　단테와 베아트리체는 당시 아홉 살로 동갑이었다. 아홉 살의 소년 소녀가 첫눈에 반했다는 이야기는 이야깃거리도 안 되는 흔하고 흔한 일이다. 그러나 단테의 경우는 뭔가 달랐다. 첫눈에 반한 순간 느낀 강렬함은 그 어린 나이에는 느낄 수 없는 것이었고, 번개가 치듯 휘몰아치는 충격은 상상을 뛰어넘는 것이었다. 말로는 표현할 수 없는 그 무엇이라고 해야 할까.

●떠나간 내 사랑을 왜 모르시나요

단테가 베아트리체를 다시 만난 것은 그로부터 9년이 지난 후였다. 이번에는 베아트리체가 단테를 향해 인사를 했는데, 이것이 단테의 가슴을 마구 뒤흔들어 폭발시켜버렸다. 베아트리체도 단테를 기억하고 있었을까. 모를 일이다. 그 이후로도 베아트리체의 모습을 슬쩍슬쩍 엿볼 기회가 몇 번 있었고, 그때마다 단테는 기절할 것 같은 상태가 되곤 했다.

이런 강렬한 사랑 앞에서 왜 단테는 프러포즈를 하지 않았을까? 단테는 아예 생각할 수조차 없는 여건이었다. 단테가 몰락한 귀족 집안인데 비해 베아트리체의 아버지는 피렌체 유수의 은행가였기 때문이다. 두 사람의 결혼은 그 당시엔 도저히 허락받을 수 없는 일이었다. 결국 베아트리체는 피렌체의 명문가 기사와 결혼했다. 그러나 운명의 장난은 시와 때를 가리지 않는다고 했던가. 그 후 얼마 지나지 않아 스물다섯 살이라는 젊은 나이로 베아트리체는 세상을 떠나고 말았다. 그 비보를 접한 단테의 당시 태도는 그가 얼마나 그녀만을 생각하고 있었는지를 잘 보여준다.

단테는 자신의 집 앞에서 로마로 순례의 길을 떠나는 사람들을 붙잡고 베아트리체의 사망 소식을 묻는다. 먼 곳에서 온 여행자들이 그 사실을 알 리 없었지만, 그들이 그녀의 죽음에 관해 모르자 큰 충격을 받았다. 첫눈에 반한 평생의 사랑을 잃은 단테에게는 이성이 작용하지 않았던 것이다. 그에게 있어 베아트리체의 죽음은 세상 모든 사람들이 알고 있어야 할 중요한 뉴스였던 것이다.

물론 단테에게는 다소 과장되게 생각하고 과민하게 반응하는 버릇이 있기는 했다. 그래도 그렇지 베아트리체의 죽음을 온 세상이 알고 있을 법한 커다란 사건으로 여겼다니, 그 깊은 사랑의 마음을 어찌 짐작이나 할 수 있을까. 단테에게 있어서는 베아트리체의 죽음에 비하면 한 나라의 몰락 같은 것은 사건 축에도 들지 못할 정도였던 것이다.

단테의 그런 열렬한 마음이 그려낸 베아트리체는 세계 문학사의 중요한 뉴스로 지금까지 우리에게 전해지고 있다. 어쨌든 지금은 거의 전 세계 사람들이 베아트리체에게 벌어진 일을 알고 있지 않은가.

●쫓겨난 자의 쓰라림을 노래하다

'단테는 독신을 고수하며 홀로 살았겠지.' 이렇게 생각하(는 사람이 많)겠지만, 사실 단테에게는 열두 살 때 부모끼리 결정한 정혼자가 있었다. 그가 베아트리체에게 청혼하지 못한 이유에는 이런 상황도 포함돼 있었을 것이다. 베아트리체의 죽음이라는 큰 상처를 이겨내고 단테는 서른 살의 나이에 정혼자와 혼인을 했고, 네 명의 자식을 두었다.

평생의 사랑을 가슴에 품은 단테였지만 사랑 앞에서 좌절하는 나약한 청춘은 아니었다. 젊은 나이에 시인으로 이름을 널리 알렸고, 행동하는 시인이기도 했다. 정치에도 뛰어들어 피렌체의 정치를 담당하던 여섯 명의 피렌체 시협의회의 회장으로 활동했다. 당시 이탈리아에서는 많은 도시국가들이 군웅할거群雄割據하고 있었으며, 각 도시국가 내부에서는 당파 싸움이 끊이지 않았다. 피렌체에서도 백당과 흑당, 두 당파가 있어서 지겨운 싸움을 계속하고 있었다.

단테는 피렌체 정계의 내분을 조정하기 위해 로마 교황을 알현하는 사절단으로 파견됐다. 그러나 이 로마로 향하는 길이 불행의 시작이었다는 것을 떠나던 당시에는 알지 못했다.

단테가 로마에 머무르는 동안 단테와 대립하던 흑당이 피렌체를 지배하게 됐고, 흑당은 단테에게 공금횡령 등의 죄목으로 추방형을 선고했다. 또한 체포되면 그 즉시 화형에 처한다는 내용이 포함돼 있었다.

당시 서른일곱 살이었던 단테는 그 후로 약 20년간 죽을 때까지 여러 나라를 전전하는 방랑자 신세가 됐다. 고향인 피렌체에도 결국 돌아가지 못했다. "나는 폭풍에 휘말려 항구에서 항구로, 벼랑에서 벼랑으로 흘러가는, 돛도 키도 잃은 작은 배다"라고 노래하며 방랑할 뿐 단테에게는 아무 힘이 없었다. 홀로 이탈리아 각지를 헤매며 이탈리아의 통일을 부르짖었으나 이탈리아가 통일된 것은 그 후로 5백 년이 지난 후의 일이었다.

단테의 초상화를 보면 매부리코에 턱이 긴 얼굴이다. 다른 사람의 말은 도무지 들을 것 같지 않은 인상이다. 단테의 실제 성격 또한 초상화에서 느껴지는 것과 크게 다르지 않았다. 피렌체 정부가 단테를 포함한 추방자들에게 사죄 편지와 함께 벌금을 내고 일정 기간의 구금을 견디면 귀국을 허락하겠다고 공포한 적이 있었다. 하지만 단테는 이 굴욕적인 조건을 단호히 거부하고 방랑 생활을 계속했다.

타인의 빵이 얼마나 쓰고, 타인의 사다리 오르내림이 얼마나 힘든 것인지를 너 스스로 경험하게 될 것이다.

고향에서 쫓겨난 자의 쓰라림을 고백한 단테의 《신곡》에 나오는 내용이다. 평생의 역작이었던 《신곡》을 완성하겠다는 목표가 있었기에 그 모든 역경을 견뎌낼 수 있지 않았을까.

● 단 하나의 사랑은 불멸의 사랑이 되고

대서사시 《신곡》은 '죽은 베아트리체는 어떻게 지내고 있을까?'라는 생각에서 착안됐다고 한다. 처음에는 천국에 있을 그녀와의 재회를 그려내는 것이 목적이었지만, 시를 써내려가면서 상상력이 상상력을 낳아 지옥과 연옥, 천국이라는 저승 전체를 일주일간 탐방한다는 장대한 계획이 완성된 것이다.

이 세상에서는 정의가 반드시 이기지 않는다는 것을, 현실에서 정쟁의 소용돌이에 휘말려 떠돌아다니며 단테는 알았을 것이다. 그리하여 피안의 저편 세계라면 신의 정의가 지배하리라 믿었을 것이다. 오백 명이 넘는 과거의 정치가와 철학자, 문학자, 상인, 성직자 등을 각자의 악행과 선행에 따라 지옥과 천국으로 나누어놓은 걸 보면.

단테는《신곡》을 통해 자신을 추방한 피렌체와 그 지배자의 죄를 꾸짖고자 하는 의지도 있었다. 단테가 자신의 상상력을 총동원해서 써내려간 지옥편이 그래서 가장 눈길을 끈다. 타락하고 부패한 자들은 부글부글 끓는 역청 속에 처박혀 있고, 위선자들은 겉은 금색으로 칠해져 있지만 속은 무거운 납으로 돼 있는 망토를 뒤집어 쓴 채 영원히 걸어가야 하며, 반역자들은 목까지 얼음에 파묻혀서 얼어붙은 눈물 때문에 눈도 뜨지 못하는 모습이 운율에 맞춰 쓰여 있기 때문이다. 지금의 우리에게도 강렬하게 와닿는 부분이기도 하다.

베아트리체는 천국의 가장 높은 곳에서 하느님과 함께 앉아 있다. 무지개 같은 빛에 휩싸인 채 단테를 바라보며 인간의 영혼을 구제하는 것은 바로 사랑임을 확신시켜준다. 사랑하는 베아트리체는 아무리 칭송해도 모자라고 아무리 높은 곳에 두어도 부족하다고 단테는 생각했으리라.

그렇다면 이토록 신비로운 여인 베아트리체의 실제는 어땠을까? 성녀도 아니고 추앙받을 만큼의 빼어난 미인도 아니었던 것 같다. 그녀를 불멸의 아름다움과 사랑의 대명사로 자리 잡게 한 것은 다름 아닌 지고지순한 단테의 사랑과 상상력이었다.

단테가 평생 단 하나의 사랑을 계속해서 노래할 수 있었던 건 이런 상상력을 품고 있어서가 아니었을까.

위험에 대한 두려움 때문에
아무것도 하지 않는다면
서서히 죽어가는 수밖에 없다.

〈단테와 신곡〉 도메니코 디 미켈리노, 1465

가장 지혜로운
사람은 허송세월을
가장 슬퍼한다.

현명한 사람에게는
매일매일이 새로운 삶이다.
오늘은 두 번 다시
오지 않는다는 것을 잊지 말라.

시간을 낭비하는 것은 자신을 내버리는 것과 같다.
지식이 많은 사람일수록 시간의 손실을 안타까워하지만
지식이 얕은 사람은 시간이 다 지난 뒤에야
그 소중함을 깨닫는데 이미 때는 늦은 것이다.

○ 욕망이란 품을수록
　더욱 갖고 싶고,
　자기 자신을 더욱
　초라하게 만들 뿐이다.

○ 누가 지옥에 떨어지고
　누가 구원을 받을지에 대해
　미리 단정 짓지 말라.
　어떻게 뒤바뀔지는 아무도 모르는 일이니.
　《신곡》

○ 진리를 구하면서도
　진리를 소유할
　능력이 없는 이는
　계속되는 혼돈 가운데
　오류를 진리로 여길 수 있다.
　《신곡》

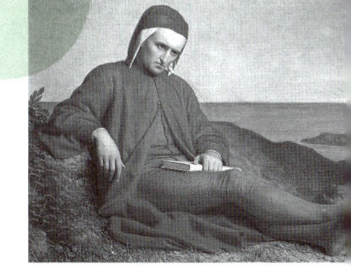

〈망명 중의 단테〉 도메니코 페타리니,
1865년경

Fyodor Mikhailovich Dostoevskii
표도르 도스토옙스키
러시아 모스크바 1821 ~ 러시아 상트페테르부르크 1881

진정한 행복이란 무엇인가

1821년 러시아 모스크바에서 태어난, 19세기 러시아 문학을 대표하는 세계적인 소설가다. '넋의 리얼리즘'이라 불리는 독자적인 방법으로 인간의 내면을 추구하여 근대소설의 가능성을 열어놓았다. 엄격하고 가부장적인 아버지 밑에서 자랐다. 열세 살 때 형 미하일과 모스크바의 체르마크 기숙학교에 입학했고, 기숙학교 졸업 후에는 공병사관학교에 입학했다. 예민하고 소심한 성격 탓에 군사 교육이 체질에 맞지 않았던 도스토옙스키는 낭만주의 문학에서 위안을 찾았다. 그의 나이 열아홉 살에 아버지가 영지의 농노들에게 살해당하는 사건이 일어났다. 그 충격으로 평생 간질 발작에 시달렸다.

공병사관학교를 졸업한 후 공무국에 임관했으나 곧 제대하고 문학에 전념했다. 스물네 살 때 쓴 《가난한 사람들》로 당시 러시아 문단의 총아라는 호평을 받으며 데뷔했다. 이어 《분신》 《주부》 《백야》 《네트치카 네즈바노바》 등을 집필하며 혁명가들과 교류했다. 공상적 사회주의 경향을 띤 페트라셰프스키의 모임에 출입하면서 불온문서였던 벨린스키의 〈고골에게 보내는 편지〉를 낭독한 죄로 체포돼 니콜라이 1세로부터 사형을 선고받았다. 총살형을 당하기 직전 형 집행이 중지되고, 그 대신 시베리아에서 4년간 유배 생활을 했다. 그때의 경험을 기록한 작품 중 하나가 《죽음의 집의 기록》이다. 《학대받은 사람들》을 발표하면서 문단으로 복귀한 도스토옙스키는 후에 그의 두 번째 부인이 된 안나 스니트키나를 속기사로 고용해 많은 작품을 발표했다. 1881년 폐동맥 파열로 타계했다.

대표작으로 《지하로부터의 수기》 《죄와 벌》 《백치》 《악령》 《카라마조프가의 형제들》 등이 있다.

●어둠 속 불꽃같은 존재

그를 두고 러시아의 대문호 막심 고리키는 '러시아가 낳은 악마적 천재'라고 말했다. 그냥 천재도 아니고 악마적 천재라니!

고리키의 말대로 그의 작품은 읽는 이의 등 한가운데를 저릿저릿하게 만든다. 또한 정체를 알 수 없는 두려움과 놀라운 예지력을 느끼게 한다. 이처럼 밤을 지새우며 이야기를 나누어도 끝이 없고, 문학도의 가슴에 뜨거운 불을 지피는 작가도 흔치 않을 것이다.

도스토옙스키의 이런 매력은 어디에서 기인한 것일까? 그 안에 어느 누구보다 어두우면서도 뜨거운 무언가가 있기 때문 아닐까. 어둠 속의 불꽃같은 존재랄까.

도스토옙스키가 가진 '어둠'에 관해서는 그가 쓴 소설의 제목만 봐도 미루어 짐작할 수 있다.《가난한 사람들》《학대받은 사람들》《악령》등만 봐도 알 수 있는데, 이처럼 어둡고 음울한 느낌의 제목을 짓는 작가가 또 있을까.

모든 소설가가 자기 작품의 제목을 짓는 데 궁리하며 고심할 테지만, 도스토옙스키의 경우에는 제목 그 자체에서 뿜어져 나오는 의미가 남다르다. 제목에서부터 독자를 향해 작가 자신의 모습을 이야기하고 있는 것 같다.

도스토옙스키의 절친한 친구에 따르면, 젊은 시절의 도스토옙스키는 비쩍 마른데다 병에 걸린 사람보다 더 안색이 나빴다고 한다. 거기에다 잿빛의 작은 눈동자는 불안한 듯 여기저기를 힐

끗거리기 일쑤였다고 한다. 긴장으로 창백해진 입술까지 더해져 대단히 신경질적이고 자의식이 강한 인상이었을 것 같다.

● 누구와도 어울리지 못하는 아웃사이더

"나는 병든 인간이다. 나는 악한 인간이다. 다른 이의 호감을 사지 못하는 남자다."

《지하로부터의 수기》에서 피해망상적인 주인공이 한 말이다. 이 인물은 도스토옙스키 자신의 자화상이기도 하다. 그 자신도 피해망상에 시달리는 사람이었기 때문이다.

일화를 하나 소개하면, 어느 날 모두가 모여 농담을 하며 웃고 있는 자리에 우연히 도스토옙스키가 지나가게 됐다. 다들 웃고 있는 모습이 자신을 비웃는 것이라고 생각한 도스토옙스키는 놓여 있던 재떨이를 뒤엎어버렸다. 이렇게 도스토옙스키는 피해 의식이 상당했던 것 같다. 그리고 자신과 마찬가지로 피해망상과 자의식과잉이 결합된 인물은 도스토옙스키의 소설에 자주 등장한다. 그들은 언제나 자기 생각에 잠겨 있어서 주변에서 벌어지는 일들을 냉정하게 받아들이지 못한다.

도스토옙스키의 어두운 성격은 천성적인 것이라고 볼 수 있지만, 유년기의 가정환경이 영향을 끼친 것 또한 사실이다. 그의 아버지는 모스크바의 빈민구제병원 의사였는데, 성격이 괴팍해서 자식들이 밖에 나가 아이들과 노는 것을 싫어했다. 도스토옙스키는 또래 친구들과 어울리지 못하고 병원 내의 궁핍한 사람들과 지내는 것이 전부인 어린 시절을 보냈다.

어린 시절을 이렇게 보냈으니 당연하겠지만, 학교생활을 하면서도 친구들과 어울리지 못했다. 그는 결국 어른이 돼서도 주변 사람들과 잘 어울리지 못하는 성격의 소유자가 되었다.

도스토옙스키는 어두운 분위기를 풍겼지만 차가운 사람은 아니었다. 자주 감동하고 타인이 보인 작은 호의를 몇 배는 더 크게 받아들이는 뜨거운 마음을 지닌 사람이었다.

도스토옙스키는 스물네 살 때 《가난한 사람들》이 호평을 받으며 문단에 데뷔했다. 그때 그가 보인 격하게 감격하는 모습은 그가 얼마나 뜨거운 마음을 가진 사람인지를 잘 보여준다.

당시 저명한 평론가였던 네크라소프가 그 초고를 읽고 감동해서 친구와 함께 이른 새벽 도스토옙스키를 찾아갔다. "자네는 천재야!" 네크라소프가 외친 이 말은 러시아 문학사에 길이 남은 유명한 일화다.

가슴이 춤춘다! 이것이 성공인 것이다! 그러나 내가 가장 기뻤던 것은 그들의 배려였다. 새벽 4시라는 시간에 두 사람은 눈에 눈물을 가득 담고 나를 찾아왔다. 가슴이 감격으로 가득 차 넘쳐흐른다!

그때의 기분을 도스토옙스키는 이렇게 기록했다. 이보다 더 자신의 마음을 격하게 표현할 수 있을까. 이보다 더 자신의 마음속 감동을 확대해서 나타낼 수 있을까.

● 새로운 소설가가 나타나다

이 새로운 소설가의 출현은 바로 세간의 큰 화제가 됐다. 그리고 도스토옙스키는 일약 대스타가 됐다.

"형님, 요즘 저의 명성은 이 이상의 절찬을 받을 수 있을까 의심스러울 만큼 높아지고 있습니다."

도스토옙스키가 자신의 형에게 보낸 편지 내용이다. 하지만 이 편지는 아직 그 소설이 출판되기 전에 쓴 것이었다. 무슨 일이든 실제보다 몇 배는 더 확대해서 받아들이는 것이 도스토옙스키의 버릇이었나 보다.

도스토옙스키는 자신의 작품을 쓰기 전 발자크의 작품을 번역한 적이 있었다. 그때도 그가 한 번역은 감정의 묘사가 과장되고 형용사는 원문보다 더 흥분된 것으로 묘사돼 있었다. 시골의 소소한 사건인데, 도스토옙스키의 번역에서는 무언가 이상한 분위기에 휩싸인 이야기로 바뀐 것 같다는 평을 들었다. 확실히 그는 무엇을 하든 그런 분위기를 자아내는 이야기꾼이었던 것이다.

도스토옙스키를 연구하는 사람들에 따르면, 그의 소설에 등장하는 인물의 4분의 1 정도가 정신적인 문제를 안고 있다고 한다. 언제나 부들부들 떨거나 얼굴이 금세 벌겋게 달아오르거나 하얗게 질리거나 하는 인물들인 것이다. 다시 말해 그의 소설 속 등장인물들은 어딘가 좀 이상한 사람들이다.

그러나 묘하게도 그의 작품을 읽다 보면 그런 사람들에게서 묘한 친밀감이 느껴진다. 아마 그것은 이런 인물들을 통해 인간이 품은 고뇌와 뒤틀림 등을 이야기하고 있기 때문일 것이다. 하지만 그것이 전부는 아니다. 도스토옙스키가 모든 등장인물에게 자신의 열렬한 생각을 주입하기 때문에 그들에게 더 감정을 이입하게 되는 것 아닐까 싶다.

이런 점이 또 한 명의 러시아 대문호 톨스토이와 다른 부분이기도 하다. 톨스토이는 소설의 등장인물을 냉철한 시선으로 바라보며 분석하고 판단한다. 그래서 위엄을 가진 사람들의 실태를 파헤치려고 한다. 그러나 도스토옙스키는 인간의 마음속 깊은 곳에 가두어진 비통한 외침에 귀를 기울인다. 그러면서 언제나 추태를 부릴 뿐인 인간 속에서도 존엄을 발견해 그려낸다.

도스토옙스키만큼 인간의 어두운 면을 파헤치면서도 누구나 가지고 있을 뜨거운 마음을 써내려간 작가도 아마 드물 것이다.

● 인간의 진정한 행복을 찾아서

독자의 마음을 섬뜩하게 하기 위해선 작가 스스로가 겪은 남다른 경험이 필요한 법이다. 그리고 그런 점에서 도스토옙스키는 어느 누구와도 견줄 수 없는 경험을 가지고 있었다.

그는 이십 대 후반에 페트라셰프스키라는 인물을 중심으로 한 공상적 사회주의를 신봉하는 모임의 일원이 됐다. 그리고 그 모임에서 반정부 음모에 가담했다는 죄목으로 체포돼 총살형을 선고받았다. 처형 직전 감형이 되기는 했지만, 시베리아 유배생활이라는 충격적인 경험을 하게 됐다. 또한 간질 발작으로 자주 고통을 받은 것도 그에게 있어 중대한 경험 중 하나였다. 발작 직전의 황홀감과 이어지는 격렬한 고통이 장편소설《백치》에 자세히 묘사돼 있다. 더구나 도스토옙스키는 가진 돈을 모두 날려버리고 거액의 빚을 질 정도의 도박광이기도 했다. 이렇듯 평범한 가정을 꾸려나가기 위한 현실 감각을 거의 갖추지 못했음에도, 두 번의 결혼으로 얻은 아이들과 먼저 사망한 형의 식구들을 부양해야 했다.

이렇게 도스토옙스키의 생애는 그대로 소설로 옮겨도 충분할 법한 소재들로 넘쳐났다. 그리고 그의 파란만장한 인생사를 그가 남긴 작품이 대신 전달해주고 있다.

"인간이 불행한 것은 자신이 행복하다는 것을 모르기 때문입니다. 그저 그 때문입니다. 그게 전부예요. 그걸 깨달은 자는 바로 행복해질 수 있습니다."

《악령》에서 키릴로프가 한 대사다. 이 얼마나 인간의 마음속을 헤집는 말인가.

도스토옙스키가 전 세계적으로 대문호라는 칭호를 받으며 추앙받는 것은, 인간이라면 누구나 품고 있을 어둡고도 뜨거운 마음속에 파고들어 진정한 행복이 무엇인지를 찾으려 했던 데 있지 않을까. 그의 문학이 오랜 세월 우리를 사로잡는 것도 그의 그런 열렬한 노력 덕분 아닐까.

● 인간은 자신이 행복하다는 것을
모르기 때문에 불행하다.
단지 그뿐이다.

● 희망을 갖지 않고
사는 것은
사는 것을
멈춘 것과 같다.

● 양심이 있는 자는 괴로워할 테지요.
자신의 실수를 인식했기에.
그에겐 그것이 강제노역과는
전혀 다른 벌입니다.
《죄와 벌》

● 진정으로 위대한
사람들이라면,
세상의 위대한
슬픔을 느껴야
한다네.
《죄와 벌》

도스토옙스키가 처형될 뻔했던 사형장을 묘사한 그림

나는 세상의 모든 사람들이
다른 무엇보다도 삶을
사랑해야 한다고 생각해.
《카라마조프가의 형제들》

도스토옙스키 초상화, 바실리 페로프, 1872

사람은 자신에게 닥친 문제의 수를 세기를 좋아한다.
하지만 자신에게 있는 행복의 수는 세지 않는다.

가장 추운 시절은
봄이 오기 직전이며
하루의 가장 어두운 때는
새벽이 오기 전이다.

**인간에게 필요한 것은
오직 독자적이고
자유로운 의지뿐이다.**
《지하로부터의 수기》

Charles Dickens

찰스 디킨스

영국 포츠머스 1812 ~ 영국 켄트 1870

대중을 사랑한 최고의 엔터테이너

1812년 영국의 교외에서 해군성 경리국 하급 관리의 아들로 태어난. 19세기 영국을 대표하는 소설가다. 열두 살 때 빚을 갚지 못한 아버지가 채무자 감옥에 수감되는 바람에 하루에 10시간씩 구두약 공장에서 일을 하며 가난의 비참함에 일찍 눈을 떴다. 이때의 경험은 후에 디킨스의 작품을 이루는 토대가 됐다. 중등학교를 2년간 다닌 후 열다섯 살 때 변호사 사무실의 사환으로 일하면서 속기 기술을 배웠다. 그 기술을 바탕으로 법원의 속기사를 거쳐 신문 기자가 됐다. 스물한 살에 보즈(Boz)라는 필명으로 투고한 단편이 잡지에 실리면서 작가 생활을 시작했으며 그 후 스물네 살이 되던 1836년에 자신의 단편을 엮은 《보즈의 스케치》를 출간했다. 1836년 4월부터 신문에 연재한 《픽윅 클럽 여행기》로 큰 인기를 끌었으며 그 이듬해 발표한 《올리버 트위스트》로 대중성과 문학성을 모두 인정받았다. 1843년 12월에 발표한 《크리스마스 캐럴》은 단 일주일 사이에 초판 6천 부가 매진되는 대성공을 거두었다.

활동하는 내내 당대의 최고 작가로 활동하면서 풍자와 해학, 다채로운 등장인물을 앞세운 작품을 선보였으며 후기로 가면서 사회 비판적인 작풍을 드러냈다. 1870년 빅토리아 여왕으로부터 기사 작위를 수여받았으나 이를 거부했으며, 같은 해에 《에드윈 드루드의 수수께끼》라는 소설을 미완성으로 남긴 채 타계했다.

대표작으로 《올리버 트위스트》《크리스마스 캐럴》《두 도시 이야기》《데이비드 코퍼필드》《위대한 유산》 등이 있다.

●결핍이 만들어낸 성공에 대한 열망

 사람들은 말한다. "영국은 셰익스피어가 있어 부러운 나라"라고. 하지만 영국인들은 말한다. "우리는 셰익스피어를 존경하지만 디킨스는 사랑한다"라고.

 탄생 200년도 더 넘긴 지금까지도 디킨스는 시대와 계급을 뛰어넘은 '인기 작가'로 우리 곁에 남아 있다. 왜 이렇게 그는 많은 사람들에게 오랫동안 사랑받을까? 아마도 그가 '대중'에게 가장 가까운 작가이기 때문 아닐까 싶다.

 디킨스는 하급 관리의 아들로 태어났으며 당시 하위 계급의 사람들이 그러하듯 제대로 된 교육을 받지 못했다. 어린 시절 디킨스는 경제관념이 부족한 아버지의 빚 때문에 점점 더 낙후된 곳으로 이사를 다니기도 했다. 급기야는 빚을 갚지 못한 아버지가 채무자 감옥에 수감되는 일까지 벌어졌는데, 당시 열두 살이었던 디킨스만 제외하고 어머니와 다른 형제들은 모두 아버지와 함께 감옥에서 기거했다. 홀로 남겨진 그는 감옥 근처의 허름한 방을 빌려 지내면서 하루에 열 시간씩 구두약 공장에서 일해야 했다. 구두약 공장에서 일하던 기간은 디킨스의 생애에서 결코 지워지지 않을 큰 상처로 남았다. 갑작스럽게 단절된 학업, 사회와 가족 모두에게 버림받았다는 충격, 수치심과 외로움, 그리고 절망감이 어린 소년을 괴롭혔다. 오랜 시간이 지난 후 디킨스는 자신의 친구이자 전기 작가인 존 포스터에게 이렇게 고백했다.

 "나는 남모르는 고통을 겪었다. 그 고통이 엄청났다는 것은 나이외에 아무도 알지 못한다."

어린 시절 겪은 결핍은 성공에 대한 열망이 됐고 가지지 못한 것에 대한 갈망이 됐다. 사회의 보호를 받지 못한다는 외로움은 빈민을 딱하게 여기는 마음과 상위 계급에 대한 삐뚤어진 욕망이라는 모순적인 감정을 동시에 품게 했다. 복잡하지만 인간으로서 당연히 품을 수밖에 없는 감정을 안고 있었기 때문에 디킨스의 작품에는 당시의 인간 군상이 살아 숨 쉬는 듯 생생하게 담길 수 있었다.

게다가 당시 영국은 산업혁명으로 신음하던 시기였다. 가정과 사회의 보호를 받아야 할 많은 어린이들이 학교 대신 공장에서 힘든 노동을 견디고 있었다. 그런 부당함을 직접 경험한 디킨스는 문학작품에서 늘 주변인으로만 등장하던 빈민지역의 하층민들을 주인공으로 등장시킨 소설을 발표하면서 문단과 독자들의 열렬한 반응을 이끌어냈다. 어린 시절부터 부모와 사회로부터 단절됐다는 경험을 겪은 그에게 대중이 보여주는 뜨거운 환호는 자신의 부족한 부분을 채워주는 커다란 선물처럼 느껴졌을 것이다. 그리고 디킨스는 그런 선물에 대한 보답을 잊지 않았다.

●대중의 마음을 가장 잘 이해한 작가

아버지가 출소한 이후에도 기울어진 가세가 나아지는 법은 없었다. 디킨스는 중등학교를 겨우 2년 다니고 또다시 노동현장에 나가 돈을 벌어야 했다. 하지만 더 이상 좌절감과 외로움에 시달리고 있을 수만은 없었다. 그에게는 성공이라는 목표가 생긴 것이다.

법률사무소의 사환으로 일하기 시작한 디킨스는 밤이면 이를 악물고 속기술을 익혔다. 그러고는 그 기술을 이용해 법원에 출입하는 기자가 됐다. 신속하고 정확하게 소식을 전하게 된 그는 고전문학을 탐독하며 기른 문장력이라는 무기까지 가지고 있었다. 마침내 그는 의회에 드나들 수 있는 가장 유능한 기자로 성장했다.

어린 시절의 강렬한 경험과 저널리스트로서의 섬세하고 예리한 관찰력은 그의 문장력에 더 큰 힘을 실어주었다. 이것은 디킨스의 마음속에 단순한 사실 전달이 아닌 자신만의 이야기를 창조하고 싶다는 욕구를 불러 일으켰다.

디킨스가 자신의 이름을 내걸고 발표한 첫 작품은 《픽윅 클럽 여행기》이다. 이 작품은 한 권의 책으로 출간된 것이 아니라, 매일 그림과 함께 신문에 연재됐다. 때문에 디킨스는 중년의 신사 픽윅 씨를 향한 독자들의 반응을 매일 확인할 수 있었다. 독자들이 어떤 부분에서 환호하는지, 어떤 부분에서 중단돼야 다음 이야기를 더욱 궁금해하는지, 디킨스는 실시간으로 파악하고 완급을 조절할 수 있었다. 이렇게 독자와 함께 호흡하고 완성해나가는 그의 작품이 큰 인기를 끌게 된 것은 당연한 일이었다.

독창적이고 기발한 인물 설정과 사건, 창의력 넘치는 문장력 외에도 디킨스의 작품을 특별하게 만들어준 것은 사람, 특히 낮은 곳에서 고통에 신음하는 어려운 사람들을 향한 온화하고 따뜻한 시선이었다. 그 시선에는 애정과 동정과 연민, 그리고 부당한 사회구조와 제도들을 향한 분노 또한 담겨 있었다. 인간에 대한 애정을 바탕으로 한 사회비판적 태도는 디킨스의 작품 곳곳에서 존재감을 발휘하며 대중의 공감을 얻어냈다.

《올리버 트위스트》에서는 빈민의 삶을 아주 세심하고 비참하게 묘사함으로써, 빅토리아 시대의 빈민구제법과 빈민들을 수용하던 구빈원 등이 얼마나 허울뿐인지, 가난한 이들을 향한 시선이 얼마나 이기적인 것인지 통렬하게 비판했다. 또 자신의 경험이 고스란히 녹아든 자전적 작품《데이비드 코퍼필드》에서는 유복자로 태어나 극한의 고통 속에서 성장하는 데이비드 코퍼필드의 이야기를 통해 산업혁명 시기의 정의롭지 못한 사회제도를 통렬히 비판했다.

● 고통에서 발견한 희망

후기로 갈수록 작가로서의 자괴감과 엉망이 되어 가는 몸 상태, 이혼과 자식들의 죽음 등 가정의 붕괴가 디킨스를 괴롭혔지만 그러면 그럴수록 그는 더욱 열정적으로 활동했다. 활동을 중지하라는 의사의 권고도 무시한 채 10여 년간 기차로 전국을 돌아다니며 공개 낭독회를 열고 자신의 작품을 독자들 앞에서 직접 낭독했다. 아마추어 극단에 희곡을 쓰고 연출에 앞장서기도 했으며 직접 무대에 올라 연기를 하기도 했다. 디킨스는 주간지를 창간해 밤새 투고 원고를 읽고 하나하나 답장을 했으며, 총 세 종의 잡지 편집장으로 오래 일했다. 그러면서도 소설과 에세이, 여행기, 크리스마스 이야기 책 등 다양한 분야의 글을 꾸준히 써냈다.

이렇게 왕성하고 다채로운 디킨스의 활동은 자신을 사랑해주는 대중을 향한 사랑의 답가와도 같았다. 소외되고 버림받은 기억으로 괴로워하던 어린 시절의 상처는 그를 평생 괴롭혔지만, 그런 그를 달래준 것이 바로 끊임없이 환호하고 열광해주는 대중의 사랑이었던 것이다.

디킨스는 영국 최고의 '대중소설가'로서 독자와 자신 사이의 공감을 믿고 그것을 십분 활용할 줄 알았다. 읽는 이를 엉엉 울리기도 하고 박장대소하게 만들기도 했으며, 등장인물들에게 실제 사람을 대하듯 애정을 품게 만들었다. 그러면서도 타고난 집념과 예리한 관찰력, 뛰어난 문장력을 바탕으로 당대 현실을 생생하게 드러내며 작가로서의 소명도 지켰다.

부조리한 세계에서 살아남기 위해서는 개개인이 자신의 도덕적 관념을 수호하고 '선한 사람'으로 남아야 한다는 디킨스의 생각은 안일하다는 비판을 받기도 하지만, 결국은 '인간에 대한 믿음'이 있었기 때문에 가능한 '선한 선택'이었다.

어린 시절부터 겪은 어려움에도 불구하고 디킨스는 그것을 좌절과 포기의 변명으로 삼지 않았다. 디킨스는 고통 속에서 희망을 발견하려 애썼고, 응달에서 자라는 나무처럼 열심히 위로 가지를 뻗어나갔다. 그는 빅토리아 시대 영국인들이 가장 사랑하는 최고의 엔터테이너였으며, 자신이 속한 땅과 사회, 사람에 대한 애정을 끝까지 놓지 않은 로맨티스트였다.

나는 아름다운 도시와 현명한 사람들이 이 심연에서 솟아나 자신의 진정한 자유를 위해 투쟁하는 모습을, 오랜 시간 동안 겪은 그들의 승리와 패배를, 이 시대의 악과 그것을 낳은 지난 시대의 악이 자멸하고 사라지는 것을 바라본다.

프랑스 혁명을 배경으로 한 작품《두 도시 이야기》에 나오는 구절이다. 이렇듯 자신이 속한 사회와 사회 구성원에 대한 애정을 끝까지 표현하고자 했던 디킨스는 뇌출혈로 인해 세상을 뜨는 마지막 순간까지 글쓰기를 멈추지 않았다.

디킨스에게 있어 글쓰기는 가족보다 더 큰 애정을 품고 있었던 '대중'을 향한 러브레터였다. 그 덕분에 디킨스가 아직까지도 영국인들에게 사랑받는 것 아닐까. 또 디킨스의 묘비에 남겨진 글은 그를 사랑한 대중의 답장 아닐까.

그는 가난하고 고통받고 억압받는 이들의 동정자였으며 그의 죽음으로 인해 세계는 영국의 가장 위대한 작가 중 하나를 잃었다.

평화의 종교를 가진 인간에게
최고의 가치는 사랑이다.
전쟁의 종교를 가진 인간에게
최고의 가치는 투쟁이다.

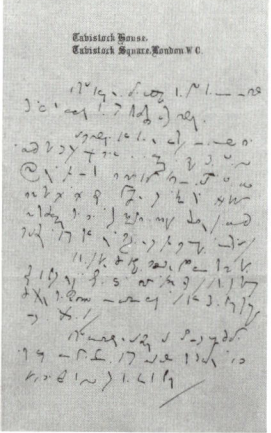

인생은
가까이에서 보면
비극이지만
멀리서 보면
하나의 희극이다.

디킨스가 1851~1860년 사이에 쓴 것이라
추측되는 속기 초안

질병과 슬픔이 있는 이 세상에서
우리를 강하게 살도록 만드는 것은
웃음과 유머밖에 없다.

지치지 않는 열정,
따뜻한 가슴,
남에게 상처주지 않는
손길을 가져라.

우리의 기억은 보통
우리가 생각하는 것보다
훨씬 더 먼 과거로까지
나아갈 수 있다고 나는 믿는다.
《데이비드 코퍼필드》

아이들이 누구에게 양육을 받든지 간에
아이들이 살아가는 조그만 세계에서,
부당한 처사만큼 아이들에게 예민하게 인식되고
세세하게 느껴지는 것은 없다.
아이에게 가해지는 부당한 처사가
우리에겐 조그만 것에 불과할 수도 있다.
《위대한 유산》

내가 하인인지 마부인지
사냥터 관리인인지
씨 뿌리는 사람인지
도통 모르겠군.
넷을 다 합친 것 같잖아.
아무려면 어때,
기분 전환도 되고
볼 것도 많고 할 일은
거의 없으니까.
《픽윅 클럽 여행기》

디킨스와 두 딸

Arthur Rimbaud
아르튀르 랭보

프랑스 샤를빌 1854 ~ 프랑스 마르세유 1891

빨리 피고 빨리 스러진, 반항과 방랑의 대명사

1854년 북프랑스 샤를빌에서 태어난 프랑스의 시인이다. 군인이었던 아버지가 일찍 가족을 버린 탓에 독실한 가톨릭 신자인 어머니 밑에서 엄격한 교육을 받으며 자랐다. 조숙한 천재로, 19세기 후반 프랑스 상징주의 시의 선구자 중 하나가 되었다. 실제로 오늘날 남아 있는 그의 작품은 초기의 습작까지 포함해서 모두가 열여섯 살부터 스물한 살 사이에 쓴 것들이다. 1870년 열여섯 살 때 샤를빌중학교에 새로 부임해온 젊은 교사 이장바르에게 문학적인 영향을 받았다. 1871년 시인으로서 특이한 방법론적 각성을 경험하고 그해 여름 12음절 100행으로 된 장시 《취한 배》를 썼다. 1872년에는 그의 시경(詩境)의 도달점이라고도 할 수 있는 산문시집 《일뤼미나시옹》을 썼다.

1871년 프랑스 상징파 시인의 대표로 뽑히는 베를렌을 만나고, 그 이후 두 사람의 관계는 동성애로 발전한다. 그러나 이들은 결국 1873년 만취한 베를렌이 랭보에게 총을 쏘는 촌극을 벌이면서 결별한다. 고향으로 돌아간 랭보는 그때까지의 생활을 되짚으며 산문시 《지옥에서 보낸 한철》을 썼다. 그러나 1875년경부터는 차차 문학에 흥미를 잃고, 여러 곳을 유랑하며 방랑 생활에 전념했다. 이처럼 랭보는 세계 문학사에서 유례를 찾기 힘들 만큼 독특하고 특이한 시인이다. 그의 파란만장한 실존적 삶이 그러하고, 또 짧은 문학 생애를 통해 남겨진 독창적인 시 세계가 그러하다. 이로 인해 랭보는 그의 문학 세계보다 반항적인 삶의 많은 일화를 먼저 떠올리게 하는 시인이 됐다.

랭보는 1891년 오른쪽 무릎의 관절염이 심해져 오랜 방랑 생활을 끝내고 프랑스에 돌아왔지만, 건강이 악화돼 마르세유에서 생을 마감했다. 그의 나이 서른일곱이었다. 대표작으로 뽑히는 《지옥에서 보낸 한철》은 유일하게 랭보가 펴낸 산문 시집이고, 《일뤼미나시옹》은 랭보 사후에 나온 시집이다.

● **혜성같이 나타난 천재의 빛**

50편의 시, 2권의 산문시집으로 프랑스 상징파의 3대 시인으로 추앙받는 사람이 있다. 이토록 적은 양의 작품을 발표하고도 문학사에 크게 이름을 남긴 시인이라니! 불현듯 나타나 우주의 어둠을 밝히고 사라져버린 혜성 같은 이 사내는 바로 아르튀르 랭보다.

랭보는 열여섯 살에 시를 쓰기 시작했다. 물론 대부분의 시인들이 그 나이에 시를 쓴다고는 하지만, 랭보는 여타 시인들과는 많이 달랐다. 그는 이미 그 나이에 파리의 시인들이 경악할 정도로 걸작을 써냈던 것이다. 미스터리일 정도로 아직도 풀리지 않는 의문이지만, 어린 나이에 아무도 시도하지 않았던 새로운 방식의 시를 차례차례 완성했던 그가 무엇 때문에, 왜, 겨우 스물한 살의 나이에 시 쓰기를 그만두고 외국으로 떠나버렸을까.

앞에서 말했지만, 5년간 그가 남긴 것은 약 50편의 시와 2권의 산문시집이 전부다. 그럼에도 불구하고 사람들은 그를 천재시인이라 부르며 말라르메, 베를렌과 더불어 프랑스 상징파의 3대 시인으로 떠받든다.

● **제멋대로의 방랑 생활**

랭보의 삶은 도저히 이해하기 힘든 것들로 점철돼 있다. 천재적 재능을 가지고 있으면서도 겨우 스물한 살의 나이로 시 쓰기를 그만둔 것 외에도 수수께끼 같은 일들로 넘쳐난다.

중학생 때 랭보는 수석을 한 번도 놓치지 않는 모범생이었다. 그런 그가 열여섯 살이 됐을 무렵부터 돌연 가출에 대한 열망에 사로잡히기 시작했다. 엄격한 어머니의 훈육에 대한 반항이 아니었을까 짐작된다. 처음 가출을 시도했을 때, 그는 벨기에와 국경이 맞닿은 프랑스 북부의 고향 마을에서 파리로 가는 급행열차를 탔다. 하지만 파리역에서 무임승차로 체포돼 8일간 구금됐다. 그는 집으로 돌아온 지 6일째 되던 날 다시 가출을 시도했고, 여기저기 지인들의 집을 전전하는 생활을 한 달 가까이 지속했다. 하지만 이마저도 경찰에게 잡혀 집으로 끌려오고 말았다.

이렇게 가출을 반복하고 있을 때 당시 유명한 시인이었던 베를렌에게 보낸 시가 인정받으면서 베를렌의 집으로 가게 됐다. 그 시절의 랭보에 관해 베를렌의 아내는 홍조 띤 얼굴에 튼튼한 몸을 가진 젊은이였다고 회상했다. 이 조숙한 중학생은 베를렌의 집에서 꽤나 성가신 존재였다. 그 집에 사는 사람들에게 인사 한 번 하지 않았고 머리도 제대로 빗지 않았으며 옷도 엉망으로 입는 데다 아무렇지도 않게 현관 계단에서 널브러져 잠들기도 했다. 결국 베를렌의 집에서 쫓겨난 랭보는 파리의 시인 친구들과 예술 애호가들의 집을 전전했다. 하지만 언제나 제멋대로여서 쫓겨나기 일쑤였고 결국 갈 데 없는 방랑자 신세가 됐다.

그러나 당시 결혼한 지 얼마 되지 않았던 베를렌은 이 열 살 연하의 소년에게 매혹돼 동성애 관계로까지 발전하게 됐다. 결국 그는 처자식을 버리고 랭보와 함께 런던으로 도망쳤다. 두 사람의 기묘한 동거 생활이 시작된 것이다. 동거는 1년가량 이어졌으나, 베를렌의 마음은 아내와 랭보 사이에서 흔들리기 시작했다. 이혼 문제도 복잡해지고 둘 사이에 불화가 발생하던 차에, 술에 취한 베를렌이 랭보를 향해 총을 쏘았고 랭보는 왼쪽 손목에 상처를 입었다. 이 사건으로 베를렌은 징역 2년형을 선고받는다. 베를렌과 결별한 랭보는 인생과 창조 행위 자체에 관한 성찰을 전개한 산문시집 《지옥에서 보낸 한철》을 완성했다.

● 천사의 눈을 가진 견자

랭보의 모범생으로서의 생활이 무너진 것은 그가 '시인'이 되고자 했기 때문이었다. 당시 열여섯 살이었던 랭보는 스승 이장바르에게 시인으로서 자신의 세계관을 밝히는 편지를 썼다.

지금 저는 스스로 온갖 방탕을 다 하고 있습니다. 왜냐고요? 저는 시인이 되고 싶으며 견자가 되기 위해 노력하고 있기 때문입니다. 문제는 모든 감각의 착란을 통해서 미지에 도달하는 것입니다. 고뇌는 크지만 그러나 강해져야 합니다. 선천적인 시인이 되어야 합니다. 저는 저 자신을 시인으로 인정한 것입니다.

'견자見者'야말로 랭보의 생애와 시를 이해할 수 있는 키워드다. 이에 대해서 시인이자 친구인 폴 드메니에게 쓴 편지에서 랭보는 이렇게 밝혔다.

시인이 되고자 하는 사람이 가장 먼저 해야 할 일은 자기 자신을 완전하게 인식하는 거네. 시인은 모든 감각의 오랜, 엄청난 그리고 추리해낸 착란에 의해서 자신을 의식적으로 견자로 만들지. 사랑과 고통, 광증의 모든 형태들로 그는 자기 자신을 탐구하고, 자기 내부의 모든 독소를 걸러내어 오직 그 정수만을 자신의 것으로 삼는다네.

온갖 일들을 엉망진창으로 만들어 자신의 정신과 육체를 착란시키고 그 속에서 훌륭한 시를 써내자는 말인데, 이것이 과연 열여섯 살의 시골 청년에게 가능하기나 한 일이었을까? 그러나 랭보는 자신의 생각을 거의 그대로 실행에 옮겼다. 술이 취했을 때 랭보는 대단히 광폭했고 칼로 위험한 놀이를 하기도 했다. 또 한편으론 '언어의 연금술사'를 목표로 시 쓰기에 몰두하는 모습은 수행자와 다름이 없었다.

그렇다면 랭보가 말하는 '견자'란 무엇일까? 그것은 이 세상의 모든 광기와 고뇌, 고통, 희극, 비극을 냉철하게 바라보고 그것을 확고한 말로 표현해내는 인간을 뜻한다. 랭보는 그러한 것을 바라보고 언어로써 표현해낼 줄 알았다. 누군가는 그의 푸른 눈을 천사 같다고 말했다. 이 말이 실감나는 사진이 한 장 있는데, 랭보가 열 살 때 동급생들과 함께 찍은 사진이다. 이 사진을 보면 그 날카로운 눈 덕분에 랭보가 어디에 있는지 단번에 알아차릴 수 있을 정도다.

이 천사의 눈을 가진 견자는 "모든 감각의 타락을 통해서 절대

자에게 도달하겠다"고 말하며 이 세상의 규정에 반역을 시도했다. 그러나 오래가지는 못했다. 살아남기 위해서 의식주를 해결해야만 하는 인간이기 때문이었다. 베를렌과 헤어진 랭보는 신문에 구직광고를 내고 가정교사가 되려고 하거나, 불현듯 독일어와 스페인어, 아라비아어, 러시아어는 물론 힌디어까지 공부하기도 했다. 하지만 그러는 사이 '모든 감각의 해방'에도 질리고 말았다. 결국 그는 그렇게 시 쓰기에 대한 흥미를 잃어갔다.

● 창작의 힘이 돼준 '착란'과 '방황'

시 쓰기를 그만둔 이후 랭보는 수수께끼 같은 삶을 살았다. 모든 것을 포기해버린 자의 삶이랄까. 아무튼 종잡을 수 없는 방랑의 연속이었다. 먼저 네덜란드의 외인부대에 입대해서 당시 인도네시아의 수도인 자바에 갔고, 1년 후에는 독일에 나타나서 미국의 해군에 지원했으나 입대하지는 못했다. 그러고는 갑자기 서커스단의 회계사로 일하며 스웨덴과 덴마크를 순회했다.

아마 랭보는 그저 멀리 떠나고 싶었던 것 같다. 그것은 이미 열여섯 살에 "나는 어디든지 멀리 떠나가리라, 마치 방랑자처럼"이라고 쓴 시를 보아도 알 수 있다.

이십 대 후반부터 랭보는 유럽에서 지중해, 아라비아반도, 그리고 아프리카로 옮겨 다녔다. 지중해의 키프로스섬에서는 채석장 막일꾼과 공사장의 현장감독으로 일하기도 했으며, 홍해의 입구에 있는 아덴에서는 커피 원두를 사들이는 무역상으로 일하기도 했다. 아프리카에서는 사람의 발길이 한 번도 닿은 적 없는 오지를 탐험한 뒤, 그 결과를 프랑스의 지리학협회에 제출하기도 했다.

그 무렵 자신의 시가 유명해졌다는 것을 알게 된 랭보는 어깨를 으쓱하고는 이렇게 말했다고 한다.

"바보 같은 일이다! 웃음거리야! 말도 안 되는 짓이라고!"

랭보는 아프리카 남동부의 아비시니아(에피오피아의 옛 이름)에서 현지 여성과 1년 정도 동거를 하기도 했다. 삼십 대에는 무기상이 되어 혼자 몸으로 카라반을 끌고 사막을 횡단하기도 했다. 이렇게 약 10년간 사막을 돌아다니는 사이 관절염이 심해져 제대로 걷지 못하는 몸이 되고 말았다. 겨우 돌아온 마르세유에서 오른쪽 다리를 절단하는 수술을 받았으나 그로부터 얼마 지나지 않아 온몸을 덮친 암으로 짧은 생의 막을 내렸다. 그의 나이 겨우 서른일곱이었다.

랭보는 열여섯 살에 "나는 내 사상의 개화開花를 목도합니다"라고 쓴 적이 있다. 그 화려한 꽃은 너무 빨리 피어나 너무 빨리 지고 말았다.

랭보가 추구했던 '착란'도 청춘이었기 때문에 가능한 것이 아니었을까. 그의 청춘이 '착란'과 '방황'을 창작의 힘으로 이끌어준 것이 아니었을까. 오늘날 세계 문학사에서 그 유례를 찾기 힘들 만큼 독특한 시인으로 평가받는 이유도 그 때문일 것이다.

난 내가 글을 쓰면
세상이 변할 거라 생각했어.
완전히 달라질 거라 생각했지.
하지만 소용없었어.
세상은 너무 오래돼서 새로운 게 없어.
쓰지지 않은 게 없단 말이야.

영화 〈토탈 이클립스〉 중에서

장 루이 포랭이 그린 랭보, 1872

시인들은 모든 감각을
한없이 오랫동안 신중하게
교란시킴으로써 자신을
환상가로 만든다.

랭보의 편지 중에서

인간이 살면서 겪는
불행의 총량은 정해져 있다는데,
나는 말년에 얼마나 행복하려고
이다지도 괴로운가.

**나는 내가 지옥에 있음을 믿는다.
그러므로 나는 존재한다.**

《취한 배》는 1871년 랭보가 지은 100행의 운문 시다.

○ 참으로 나는
너무나 많은 눈물을 흘렸다.
새벽은 가슴 터질 듯하다.
모든 달은 흉악하고
모든 태양은 쓰기만 하다.

《취한 배》

○ 내가 농담을 한다고 해서
네가 나의 슬픔을
이해할 수 있겠는가!

〈헛소리 1〉

○ 충분히 보았다.
비전은 어느 하늘에나 존재함을.
충분히 가졌다.
도시의 소란은 매일 저녁마다,
햇빛 아래서도 그리고 언제나.
충분히 알았다.
삶의 멈춤들을.
오 - 소란과 비전들이여!
새로운 애정과 새로운 소음 속에서의
출발이여!

〈출발〉

베를렌과 랭보, 브뤼셀에서, 1873

David Herbert Lawrence

D. H. 로렌스

영국 이스트우드 1885 ~ 프랑스 방스 1930

피와 살을 사랑한 방랑자

1885년 영국 이스트우드에서 광부인 아버지와 교사였던 어머니 사이에서 넷째로 태어난, 영국의 소설가이자 시인, 문학평론가다. 로렌스는 가난과 가정의 불화 속에서 어린 시절을 심약한 아이로 자랐다. 주정뱅이 아버지와 격렬하게 대립했던 어머니가 모든 애정을 로렌스에게 쏟은 일이 사춘기의 여자관계를 복잡하게 만들었다. 또한 이러한 사정들이 뒷날 로렌스 문학에 흐르는 주제의 한 원형을 이루기도 했다. 불우한 환경 속에서도 어렵게 공부하여 교사가 됐고, 대학 시절 은사의 아내이자 여섯 살 연상이었던 독일 여성 프리다 위클리를 만나 1914년 결혼했다. 로렌스는 제1차 세계대전이 발발하고 더 이상 독일인 부인과 함께 영국에 머물 수 없게 되자 이탈리아 등을 떠돌며 작품 활동을 했다.

자전적 소설로 평가받으며 작가의 내면적 갈등이 잘 표현된 《아들과 연인》은 처음엔 표현이 노골적이라는 이유로 상당 분량이 삭제된 채 출판됐다. 1992년이 돼서야 무삭제판이 출간됐고, 1915년에 발표한 《무지개》 역시 성 묘사가 문제가 되어 발매 금지를 당했다. 만년에 이탈리아에서 자비로 출간한 《채털리 부인의 연인》 역시 외설 시비로 미국에서는 1959년, 영국에서는 1960년이 돼서야 비로소 무삭제판의 출판이 가능했다. 1930년 폐결핵으로 숨을 거뒀다.

대표작으로 《하얀 공작》 《침입자》 《아들과 연인》 《무지개》 《사랑에 빠진 여인》 《길을 잃은 소녀》 《아론의 지팡이》 《캥거루》 《채털리 부인의 연인》 《처녀와 집시》 등이 있다.

●가장 자연스러운 삶의 방식은 무엇일까?

세상에서 가장 즐거운 일은 무엇일까? 세상에서 가장 어려운 일은 또 무엇일까?

사람마다 다르겠지만, 두 질문의 답이 하나라면 그건 사랑하는 사람을 만나는 것 아닐까. 남녀가 다정하게 함께하는 것처럼 즐거운 일도 없지만, 또 한편으론 이보다 어려운 일도 없기 때문이다.

사람이면 누구나 행복을 꿈꾸고, 그 행복이 연인과 함께라면 더할 나위 없다고 생각한다. 이런 생각을 철저하게 실행한 사람이 바로 《채털리 부인의 연인》을 쓴 작가 D. H. 로렌스다.

로렌스는 성性이야말로 남녀를 진실로 이어주며 살아가는 데 꼭 필요한 행복을 선사해준다고 생각했다. 《채털리 부인의 연인》은 로렌스의 그런 생각을 잘 녹여낸 작품이다. 이 작품은 지금으로부터 약 백 년 전인 당시로서는 상당히 과격한 성 묘사로 사람들을 놀라게 했다. 발매 중지 처분을 받았을 정도니 그 수위를 어림짐작할 수 있을 것이다. 하지만 오늘날 놀랄 독자가 몇이나 있을까 싶을 정도의 작품이다.

《채털리 부인의 연인》의 줄거리를 간략히 요약해보면, 전쟁에서 부상을 입은 탓에 성불구자가 된 남편을 둔 여성이 영지를 관리하는 사냥터지기를 만나 사랑의 도피를 꿈꾼다는 이야기다. 성 묘사 때문에 문제가 된 소설이지만 사실 이 소설은 인간에게 있어 가장 자연스러운 삶의 방식이 무엇인가를 그린 작품이다. 즉,

돈과 기계, 차가운 이성이 지배하는 비인간적인 산업 사회 문명 속에서 진정한 인간다움을 회복하고자 도덕적으로 모색하는 작품이다.

로렌스는 《채털리 부인의 연인》에 등장하는 사냥터지기처럼 하층계급인 광부의 아들로 태어났다. 그는 그 옛날 로빈 후드가 근거지로 삼았다던 셔우드의 숲을 바라보면서 은둔자처럼 살고 싶다는 꿈을 키우며 성장했다고 한다.

●최고의 여자를 만나다

로렌스는 청년이 될 때까지 어머니가 씌워놓은 사랑의 굴레에서 벗어나지 못했다. 아들에게 광적으로 집착하던 어머니 때문에 두 사람은 모자 관계를 넘어 연인이라고 해도 좋을 만큼 기묘했다. 그러는 사이 로렌스는 제시 체임버스라는 소녀를 만났고, 그녀 덕분에 예술적 영감을 발견해 시인으로 활동할 수 있었다. 그러나 사랑을 빼앗겼다고 여긴 그의 어머니는 끝까지 제시를 인정하려 들지 않았고, 로렌스는 제시에게 온전히 집중하지 못했다. 제시는 10년이라는 세월 동안 로렌스의 곁을 지키며 정신적 동반자로 그에게 큰 영감을 주었다. 그러나 집착하는 어머니 때문에 정신적 자유를 찾지 못한 로렌스는 그녀를 버리고 어머니에게로 돌아갔다. 그리고 어머니가 타계하자, 로렌스는 그 충격으로 방황하기 시작했다.

이러한 방황을 끝낸 것은 일생의 연인, 프리다 위클리를 만나 새로운 삶에 눈을 뜨면서부터였다. 초등학교 교사로 일하던 로렌스는 학교를 그만두고 독일의 대학에서 영어 강사로 일하는 문제를 상의하고자 대학 시절 은사의 자택을 방문했다. 은사의 아내인 프리다와의 운명적인 만남의 시작이었다.

프리다를 만난 그날 로렌스는 기차를 타지 않고 5시간이나 걸어서 집으로 돌아갔다고 한다. 첫눈에 반한 것이다. 그 후 얼마 지나지 않아 그는 프리다에게 "당신은 영국에서 가장 훌륭한 여성입니다"라는 편지를 보냈다. 그리고 그 무렵 지인에게 이런 편지도 보냈다. "프리다는 지금껏 만나본 적이 없는 멋진 여성이야. 눈이 번쩍 뜨이는 기분이었어. 그녀는 내 일생 최고의 여자야."

그리고 만난 지 한 달도 되지 않아 로렌스와 프리다는 사랑의 도피를 감행했다. 로렌스의 나이 스물여섯 살, 프리다의 나이 서른두 살이었다. 이미 프리다는 세 명의 아이를 둔 유부녀였다.

●물과 기름 같은 사이, 하지만 애틋한 사랑

일반적으로 남자와 여자가 첫눈에 반하는 데에는 별다른 이유가 없는 법이다. 대체로 설명이 불가능하다는 말이다. 어찌됐든 로렌스는 프리다에게 첫눈에 반했고, 그녀는 로렌스에게 있어 최고의 여자가 됐다.

그러나 로렌스와 프리다는 달라도 너무 다른 커플이었다. 독일에서 남작의 딸로 태어난 프리다는 집안일을 아예 할 줄 몰랐고 낭비벽도 있었다. 도덕관념도 없고 절제력도 결여돼 있던 그녀는 이따금 돌아가던 독일의 고향 마을에 애인을 몇 명이나 두고 있었다. 그에 반해 로렌스는 꼼꼼한 성격에다 요리를 비롯한 가사 전반을 유능하게 해치우는 사람이었다. 한쪽은 남작의 딸이고 한쪽은 광부의 아들이라는 관계만큼이나 참 안 어울리는 커플이었다.

그러나 로렌스의 문학은 바로 그렇게 서로 다른 세상을 살던 두 사람의 만남에 의해 탄생됐다고 해도 과언이 아니다. 로렌스 문학의 테마는 '어떻게 하면 남녀가 늘 즐겁고 다정하게 함께할 수 있는가'에 관한 것이기 때문이다.

두 사람은 사랑의 도피를 한 지 2년이 지나서야 정식으로 결혼했다. 그러나 그 이후로도 생활은 안정되지 못했다. 두 사람은 친구와 지인들에게 부탁해가며 유럽 각지와 미국, 멕시코 등지를 떠돌며 살았다. 로렌스는 소설가로 자립하려 했으나 그가 쓴 소설은 그리 잘 팔리지 않았고, 팔릴 법한 소설은 과격한 성 묘사로 발매 금지 처분을 받았다. 빈곤한 생활은 잦은 부부 싸움으로 이어졌다.

로렌스는 자상하고 온화한 성격이었지만, 간질 발작과 함께 종종 프리다에게 폭력을 휘두르기도 했다. 로렌스가 싫어하는 음반을 프리다가 계속 틀어놓았다는 이유로 그 레코드판으로 프리다의 머리를 때린 적도 있었다. 물론 프리다도 로렌스의 머리에 접시를 던져 반격했다.

그래도 로렌스가 죽을 때까지 프리다와 헤어지지 않은 이유는 싸우고 난 뒤 바로 화해를 했기 때문인 것으로 보인다. 사실 싸움보다 더 어려운 것이 화해 아닌가. 두 사람의 애틋한 사랑을 엿볼 수 있는 대목이기도 하다.

● 최고의 선물을 받다

사람 사는 세상에서 가장 중요한 것은 무엇일까? 결국 사람과 사람 사이의 문제 아닐까. 그리고 사람과 사람 사이의 문제는 커뮤니케이션에 의해 발생하고 해결되기도 하는 것 아닐까. 로렌스가 가장 큰 흥미를 보인 것은 남자와 여자를 하나로 묶는 것이었다. 그리고 이것은 성에 의한 커뮤니케이션이었다.

문제작인 《채털리 부인의 연인》은 영어를 모르는 이탈리아의 인쇄공에 의해 인쇄됐다고 한다. 이 소설의 내용을 나중에야 알게 된 인쇄공은 "그런 건 다들 매일 하고 있는 거 아니오?"라며 대수롭지 않게 말했다고 한다. 소설이라는 것은 사람들이 일상에서 매일 반복하는 여러 가지 일들을 도리에 맞고 재미있게 꾸며낸 것에 지나지 않다고 할 수도 있다. 이런 점에서 볼 때 로렌스의 문학이 독특한 것은 바로 그 도리에 맞게 재미를 만들어내는 방식에 있다.

로렌스는 지성보다 피와 살을 더 믿으며 피와 살이 느끼는 것에 어떻게 반응할 것인가, 하는 점에 골몰했던 것 같다. 《채털리 부인의 연인》 속에는 채털리 부인이 사냥터지기에게 이렇게 말하는 장면이 나온다. "다른 사람에게는 없고 당신만이 가지고 있는 것, 그건 배려심 있는 남자의 자상함에서 나오는 용기예요." 채털리 부인의 말에 사냥터지기는 "중요한 것은 사람과 사람을 잇는 자상함이죠. 섹스야말로 모든 접촉 중에서 가장 진실된 단 하나의 접촉이지요. 그리고 우리가 두려워하는 것도 바로 그 접촉이고. 자상하게 접촉하는 것, 그게 가장 필요한 거요"라고 답한다. 참고로 로렌스가 《채털리 부인의 연인》에 제일 처음 붙인 제목은 '자상함'이었다고 한다.

아마도 채털리 부인과 사냥터지기의 대화는 로렌스와 프리다 사이에서 실제로 존재했던 순간이었을 것이다. 폐결핵에 걸려 마흔다섯 살이 채 되기도 전에 타계한 로렌스에게 프리다는 삶을 지탱해주는 기둥과 다름없었다.

"다른 사람에게선 결코 받을 수 없고 나에게서만 받을 수 있는 것이 뭐야?"

"당신은 나에게 자신감을 줬어."

프리다의 질문에 망설임 없이 대답한 로렌스의 말이다. 연인이 연인에게 줄 수 있는 최고의 선물을 프리다는 로렌스에게 줬던 것이다.

○ 남의 행복을 싫어하고
남의 행복 위에 자기의 행복을 세우려는 사람은
결국 그 자신도 행복해질 수 없다.

○ 인류가 쓰는 지상의 모든
언어 중 최고는 눈물이다.
눈물은 위대한 통역관이다.

○ 자유 중 첫 번째는
나 자신으로부터의
자유다.

○ **현대는 본질적으로
비극의 시대다.
미래를 향하는
평탄한 길은 없다.**
《채털리 부인의 연인》

○ 독서는 충실한 인간을 만들고
회의는 각오가 선 인간을 만들며
필기는 정확한 인간을 만든다.

○ 남녀 간의 사랑이야말로
이 세상에서 가장 위대하고
가장 완벽한 정열이다.
남녀 간의 사랑은 이원적이고
상반적인 양성의 사람이
만나 이루기 때문이다.
남녀 간의 사랑은
수축과 이완을 거듭하는
생명의 고동이다.

○ 영혼에 박힌 상처는 서서히, 느리지만 그 끔찍한 고통이 점점
깊어가는 타박상처럼, 그 존재가 느껴지고 마침내 영혼 전체에 퍼져
가득 찬다. 그리하여 상처에서 완전히 회복되어 그것을 다 잊었다고
여기는 바로 그 때, 그 끔찍한 후유증은 최악의 상태가 되어
우리 앞에 피할 수 없는 것으로 나타나는 것이다.

《채털리 부인의 연인》

프리다와 로렌스, 멕시코에서, 1923

Guy de Maupassant

기 드 모파상

프랑스 노르망디 1850 ~ 프랑스 파리 1893

운명아 길을 비켜라, 염세주의자의 길

1850년 프랑스 노르망디의 귀족 집안에서 태어난, 단편소설의 아버지로 불리는 프랑스의 소설가다. 열두 살 때 부모의 이혼으로 어머니, 남동생과 함께 노르망디의 해안도시 에트르타에서 어린 시절을 보냈다. 열세 살에 신학교에 입학했으나 2년 만에 퇴학당하고, 외삼촌의 친구였던 귀스타브 플로베르에게 문학 수업을 받았다. 열아홉 살에 파리대학교에 입학해 법률 공부를 시작했지만 이듬해 프로이센·프랑스 전쟁이 일어나자 자원입대했다. 종전 후 정부 부처에서 일하면서 플로베르에게 본격적인 문학 지도를 받았다. 이 무렵 플로베르의 소개로 에밀 졸라, 이반 투르게네프 등 사실주의 작가들과 교류하기 시작했다. 서른 살 때 발표한 〈비곗덩어리〉로 프랑스 문단의 큰 호평을 받았으며, 3년 후 발표한 대표작 《여자의 일생》으로 세상에 이름을 떨쳤다.

모파상은 화려한 여성 편력을 자랑하며 요트를 타고 이탈리아 등지를 여행하거나 사교 활동을 즐겼다. 하지만 신경 계통의 병 때문에 늘 두통, 시력 저하, 발작 등의 질병에 시달렸다. 그러면서도 《텔리에 집》《피피 양》《낮과 밤 이야기》《목걸이》《오를라의 여행》 등의 단편집을 비롯해 기행문과 시집, 희곡, 장편소설 《벨아미》《피에르와 장》 등 많은 작품을 남겼다. 마흔한 살의 나이에 첫 전신 마비 증세를 겪은 후 그다음 해 자살을 기도했다가 파리 교외의 정신병원에 수용되기도 했다. 결국 자살을 기도한 이듬해인 1893년 마흔세 살의 나이로 병원에서 타계했다.

대표작으로는 단편집 《텔리에 집》《피피 양》《낮과 밤 이야기》《목걸이》《오를라의 여행》, 장편소설 《여자의 일생》《벨아미》《피에르와 장》 등이 있다.

● 살면서 기쁠 일이 뭐가 있을까

"살면서 가장 기뻤던 일은 뭐였어?" 이런 친구의 질문에 대답을 망설인 적 없는가? 살면서 기뻤던 일이나 슬펐던 일이 왜 없을까마는 가장 기뻤던 일이 과연 무엇이었을까를 생각하면 즉석에서 답하기란 쉽지 않다.

사람에 따라 그 대답은 각기 다를 것이다. 지금 막 아기가 태어난 신혼부부라면 '아기가 태어날 때'가 될 것이고, 올림픽에 출전했던 선수라면 '금메달을 목에 걸던 순간'이 될 것이다. 또 누군가는 '합격했을 때'나 '승진했을 때'라고 대답할 수도 있겠다.

그리고 낭만주의자이면서 지금 사랑을 하고 있는 사람이라면 '서로의 사랑을 느꼈던 순간'이라고 대답할지도 모르겠다. 또 이런 대답에 소위 염세주의자는 "요즘 세상에 진짜 사랑 같은 게 어딨어" 하며 비아냥거릴 수도 있을 것이다.

이렇게 '진짜 사랑' 같은 건 착각에 지나지 않는다고 얼굴을 찌푸리며 조소할 것 같은 인물 중 가장 먼저 떠오르는 사람은 누군가? 물론 사람마다 다르겠지만 소설가에 국한해 생각해보면, 아마도 《여자의 일생》을 쓴 프랑스 소설가 모파상이 아닐까 싶다.

모파상은 짧은 생애 동안 수많은 여성과 육체관계를 맺었으나 마음을 준 상대는 단 한 명도 없었다. 불행한 사람이었다고 해야 할까. 모파상 같은 염세주의자라면 살면서 기쁠 일이 뭐가 있겠나 싶기도 하다.

모파상이 남긴 300여 편의 단편소설과 6편의 장편소설은 현실 세계를 있는 그대로 그려낸 자연주의 문학의 표본이라고 일컬어진다. 그가 소설을 쓴 방식대로 그의 생애를 써내려간다면 어떤 상황이 벌어질까. 아마도 상당히 곤란한 상황이 발생할 것이다. 그에 관해 백작부인들 사이에서 돌았던 소문은 주로 이런 것들이었으니 말이다.

"전대미문의 이야기예요. 들으셨어요? 여섯 번이래요, 여섯 번! 무려 하룻밤 사이에!"

도가 지나치다고 생각할 수도 있겠지만 모파상에 관해 이야기하면서 이런 포르노소설 같은 부분을 빼놓을 수는 없다.

● '호색한'이라는 별명을 가진 사나이

모파상이 소설가로 활약한 기간은 겨우 10년 남짓에 지나지 않는다. 해군성과 문부성의 하급 공무원으로 일하던 그는 서른 살 때 〈비곗덩어리〉라는 단편을 발표했는데, 이 작품이 문단의 호평을 받으며 바로 인기 작가가 됐다.

파리의 사교계에서 모파상의 이름이 유명세를 타면서 얻게 된 별명은 '호색한'이었다. 물론 모파상도 자신이 그렇게 불린다는 사실을 잘 알고 있었으며, 별명에 어울리게 셀 수 없이 많은 애인을 거느리고 다녔다. 하지만 한 번도 여자를 먼저 쫓아다닌 적은 없었다. 모두 여자 쪽에서 그에게 관심을 보이고 다가와 유혹했던 것이다. 어떤 부인은 권총을 손에 쥔 채 파리 시내를 활보하며 모파상을 찾아다녔는데, 모파상의 집사에게 무기를 빼앗기자 "제발 모파상을 저에게 주세요"라고 울면서 애원했다고 한다.

모파상은 자주 다니던 목욕탕 여종업원과의 사이에서 세 명의 자식을 두었지만 평생 그 누구와도 결혼은 하지 않았다.

한 번은 한 여성에게 보낸 편지에서 이렇게 쓴 적이 있다.

"사랑이라는 감정은 아마 평생 느끼지 못하겠지요."

꼭 자신의 마음을 고백하듯 쓴 이 말이 모파상의 일생을 굳건하게 지킨 진심 아니었을까.

"나는 누군가를 사랑한 적이 한 번도 없었다. 어떤 여성이라 하더라도 그 속에 정신적 존재와 육체적 존재가 있다. 사랑하기 위해서는 이 두 존재의 사이에서 조화를 찾아낼 필요가 있지만, 결국 나는 그것을 발견할 수 없었다."

모파상의 문장이다. 이 또한 아마 그 자신의 진심을 작품 속에서 토로한 것이리라.

모파상을 보면, 사람이 사람을 사랑하는 데 있어서 숫자가 중요한 건 아닌 것 같다. 그리고 숫자가 질을 대신할 수도 없는 것 같다. 숫자가 아무리 많아도 질을 높일 수는 없는 법이니. 유명한 프랑스의 비평가 이폴리트 텐은 모파상을 두고 '슬픈 황소'라고 평한 적이 있다. 모파상은 슬픈 황소처럼 삶을 산 셈이다.

● **여자의 일생? 남자의 일생?**

어느 귀족의 딸이 부모의 반대를 무릅쓰고 하사관과 사랑의 도피를 감행했다. 산속 깊숙이 숨어 살기 시작한 두 사람은 나이를 먹어 귀도 잘 들리지 않게 될 때까지 오랜 세월 부부로 살았다. 그러던 어느 날, 나이 든 아내는 자신의 남편이 놀랍게도 30년 전부터 옆 마을에 사는 여자와 불륜을 저지르고 있었다는 사실을 지나가던 짐꾼에게서 듣게 된다. 그리고 그 사실을 알게 되자마자 그녀는 창문 밖으로 몸을 던져 자살했다.

모파상의 단편 중 하나의 스토리다. 예나 지금이나 있을 법한 이야기라고 생각할 수도 있다. 하지만 이런 모파상의 작품을 읽다 보면 '진실한 사랑'이 얼마나 허무한 것이며, 모든 것이 '사랑이라는 착각'에 지나지 않는다고 설파하는 것 같다. 그리고 이런 모든 것이 작가의 의지임을 느끼게 되면 씁쓸함을 더한다.

모파상은 남자라는 동물은 여자에게 충성을 다할 수 없는 존재라고, 자신의 경험을 통해 진지하게 믿고 있었던 것이다. 이렇듯 모파상의 작품을 관통하는 최대의 테마는 인간과 운명, 사회에 대한 불신이었다.

모파상의 대표작 《여자의 일생》을 보아도 이런 주제가 잘 나타나 있다. 이 작품에서도 악역은 남자다. 순진하고 꿈 많던 여주인공 잔느는 쥘리앵과 결혼한다. 그런데 잔느의 남편 쥘리앵은 신혼여행에서 돌아오자마자 잔느의 하녀에게 손을 대는 호색한이었다. 급기야 그는 이웃의 백작부인을 유혹해 간통을 하다 그녀의 남편에게 죽임을 당하고 만다. 그렇게 잔느는 홀로 남겨진다. 잔느에게는 버릇없이 자란 망나니 외아들이 남았고, 그 아들 때문에 괴로워한다. 결국 잔느는 '내 인생은 대체 무엇이었던가' 하며 슬퍼한다.

이 작품의 원제를 그대로 해석하면 '어느 일생'이라고 해야 할 것이다. 사실 제목을 '여자의 일생'이 아닌 '남자의 일생'으로 바꿔도 손색이 없어 보인다. 여자를 괴롭히고 힘들게 하는 남자의 이야기이니 말이다.

●불신 그리고 고독이라는 이름의 부조리

모파상의 불신은 남자인 자기 자신을 향한 불신에서 모든 사람을 향한 불신으로 이어졌고, 나아가 운명 혹은 사회라 칭할 수 있는, 사람을 넘어선 존재에 대한 불신으로도 이어졌다.

그런 모파상의 생각이 가장 잘 드러나는 작품이 유명한 〈목걸이〉이다. 이 작품의 대략적인 줄거리는 다음과 같다.

문부성의 하급 공무원과 결혼한 루아젤 부인은 친구에게 빌린 다이아몬드 목걸이를 잃어버리고 만다. 빚을 내 그것과 비슷한 목걸이를 구해 돌려준 그녀는 그 빚을 갚느라 10년 동안이나 가난한 생활을 견디며 살아야 했다. 그런데 10년 후 우연히 친구를 만난 루아젤 부인은 그녀에게 빌린 것이 다이아몬드 목걸이가 아니라 유리로 만든 가짜 싸구려 목걸이라는 것을 알게 된다.

이 이야기 속에서 탓할 사람은 아무도 없다. 운명의 장난이라고 이야기할 수밖에…. 인간과 운명을 향한 불신, 즉 이 세계의 부조리에 대한 안타까움과 함께 모파상을 사로잡은 것은 고독한 인간의 모습이었다.

나는 친구에게 속 이야기를 할 때마다 고독을 느낀다. 왜냐하면 그럴 때마다 결코 뛰어넘을 수 없는 장벽을 더욱 강렬하게 통감하게 되기 때문이다.

〈고독〉이라는 단편에 나오는 문장인데, 모파상 자신의 속내라 아니할 수 없다.

《여자의 일생》에서는 결혼이란 여성에게 있어 고독을 없애주는 것이 아니라 오히려 고독한 지옥을 새로이 만들어낼 뿐이라는 메시지를 보낸다. 여주인공 잔느의 대사를 통해 모파상은 이렇게 말한다.

"두 사람은 결코 영혼까지는, 마음의 저 깊은 곳까지는 서로를 받아들일 수 없다는 것을 처음으로 깨닫게 됐다."

결론적으로 모파상의 일생을 통해 알 수 있는 건, 결국 그는 그 누구도 아닌 자기 자신을 믿지 못했다고 할 수 있다. 스스로를 믿지 못하는 남자에게 '진실한 사랑' 같은 것이 존재할 리 만무하지 않겠는가. 그래서 수많은 여자를 만났음에도 결코 '사랑'을 모르고 떠난 것 아닐까.

이렇게 자신의 삶을 통해 부조리함을 전달하려던 모파상은 이십 대 후반에 걸린 매독 때문에 뇌에 이상이 생겨 자살을 시도했다가 실패한다. 그 후 18개월 동안 정신병원에 입원해 지내다 짧은 생을 마감했다.

○ 인생은 그렇게 즐겁지도
불행하지도 않다.
그 모든 것을 결정하는 것은
오직 자신뿐이다.

○ 인간이란 본래
고독하고
이기적인 존재다.

○ 우리는 식인종의 야만성을
비난하며, 고상한 문명인 표정을
짓는다. 그러나 상대를 먹기
위하여 죽이는 사람과 상대를
죽이기 위해 싸우는 사람 중에
어느 쪽이 더 야만인인가?

〈목걸이〉의 초판 표지, 1884

○ **사랑은
동정이 아니라
흘러가는 마음
그 자체다.**

○ 나는 친구에게 속마음을 이야기할 때마다 고독을 느낀다.
왜냐하면 그럴 때마다 결코 뛰어넘을 수 없는 장벽을
더욱 강렬하게 통감하기 때문이다.
〈고독〉

○ 봄에 여자들은 자극적이고, 매력적이고,
뭐라 말할 수 없지만 아주 특별합니다.
꼭 치즈를 먹고 나서 마시는 포도주 같지요.
〈봄〉

○ 두 사람은 결코 영혼까지는,
마음의 저 깊은 곳까지는
서로를 받아들일 수 없다는 것을
처음으로 깨닫게 됐다.
《여자의 일생》

○ 재능이란 지속할 수 있는 열정이다.

○ 운명이란
늘 우연을 가장해서
찾아온다.

기 드 모파상의 흉상, 프랑스 노르망디

Guy de Maupassant

083

Henry Miller

헨리 밀러

미국 뉴욕 1891 ~ 미국 로스앤젤레스 1980

성의 신비를 찾아 떠나는 방랑의 길

1891년 미국 뉴욕에서 독일계 중산층 집안의 아들로 태어나 브루클린에서 자란. '20세기 가장 위험한 거인'이라 불리는 미국의 소설가다. 어릴 때부터 독서에 심취해 헨리 해거드, 마크 트웨인 등의 작품을 읽으며 자랐다. 열여덟 살에 입학한 뉴욕시립대학교를 두 달 만에 자퇴하고 독서와 소설 쓰기에 몰두했다. 다양한 직업을 전전했고, 결혼과 이혼도 되풀이했다. 끊임없는 방랑 생활을 하면서 첫 작품 《잘려진 날개》와 《이 이교적인 세계》를 완성했으나 세간의 호의적인 반응을 이끌어내진 못했다.

서른아홉 살에 프랑스 파리로 건너가 방랑하다 대표작인 《북회귀선》《검은 봄》《남회귀선》 등 자전적 소설을 완성했다. 이 소설들은 외설 시비로 인해 프랑스에서 먼저 출간됐다. 이 작품들로 인해 전 세계적인 관심과 작가로서의 명성을 얻었다. 9년 만에 미국으로 돌아온 밀러는 캘리포니아에 정착했다. 이 시기에 개방적이고 진보적인 지식인들과 작가들의 지지를 받으며 《섹서스》《플렉서스》《넥서스》로 이루어진 《장밋빛 십자가》 시리즈 3부작을 완성했다. 성적인 묘사가 범람하는 자전적 소설을 많이 발표했지만, 미국 문명을 통렬하게 비판하는 에세이 《냉방장치의 악몽》 등을 발표하며 문명비평가로서의 진가도 발휘했다. 노년에는 작가로서의 화려한 명성을 뒤로 하고 수채화를 그리며 평화롭게 지냈다.

대표작으로는 《북회귀선》《남회귀선》, 《장밋빛 십자가》 시리즈 등이 있다.

●어느 소설보다도 더 흥미진진한 삶

예술과 외설의 경계는 무엇일까? 동서고금을 막론하고 늘 치열하게 논의되는 주제 중 하나다. 그리고 많은 전문가들의 논의에도 불구하고 뚜렷한 해답을 찾지 못한 주제이기도 하다. 어쨌든 이런 토론을 하다 보면 빠지지 않고 등장하는 인물이 있다. 늘 이런 논쟁의 한가운데에 놓이는 사람, 바로 헨리 밀러다.

밀러의 대표작 《북회귀선》은 그의 고국인 미국에서는 금서로 지정되어 30년 가까이 발표되지 못했다. 우여곡절 끝에 출간되고도 음란 도서로 기소되는 등 수난을 겪었다. 한국에서도 그의 작품은 '도색 소설'로 평가되곤 했다.

밀러의 작품을 읽은 일반 독자들은 대체로 그런 평가에 고개를 끄덕일지도 모르겠다. 밀러가 그리는 성性의 세계가 지나치게 자극적이기 때문이다. 그가 쓴 대부분의 작품에는 하루 세 번의 식사를 하듯, 빈번하게 남자와 여자가 관계를 맺는 장면이 등장한다. 그리고 그 묘사가 사실적이고 매우 상세하다. 그는 왜 이렇게 성관계에 집착했던 것일까? 독자들의 성적인 호기심을 만족시키기 위함이었을까?

더 나아가 밀러의 성적인 묘사는 끈적끈적함을 넘어 과격하고 우습고 황당무계하기까지 하다. 그리고 무엇보다 놀라운 건 밀러가 묘사한 성의 세계가 모두 작가가 직접 체험한 사실이라는 데 있었다. 이 사실이 드러나자 많은 독자가 더욱 큰 충격을 받았다.

밀러의 작품 《북회귀선》과 《남회귀선》, 《장밋빛 십자가》 시리즈 등은 작가의 자전적 고백에 가깝다. 그것은 자신의 생애가 그 어느 픽션보다 흥미진진했기 때문임이 틀림없다.

●끝날 줄 모르는 방랑 생활

"주저하지 말고 나 자신을 깡그리 숨김없이 드러내는 것이다. 그것 외에는 아무것도 없다. 우선 나는 나를 작가라고 생각한 적도 없으며 글을 잘 써보겠다고 생각한 적도 없다. 그저 내 내부에는 어떠한 종류의 힘이 있어서, 스스로를 표현하지 않고서는 견디지 못할 뿐이다."

밀러가 한 말이다. 확실히 밀러의 인생, 특히 사십 대 무렵까지의 인생은 그가 이런 생각을 하는 것이 이상하지 않을 정도로 희한한 사건들로 넘쳐났다.

미국 뉴욕에서 태어난 밀러는 '아주 행복하고 건강한' 유년기를 보내고 뉴욕시립대학교에 입학했다. 하지만 학교의 분위기와 시시한 커리큘럼에 싫증이 난 그는 입학한 지 두 달 만에 자퇴를 하고 정처 없는 방랑 생활을 시작했다. 열여덟 살 때는 스무 살 연상의 여성을 알게 돼 2년간 동거하기도 했다. 그 후 그는 도시 생활이 싫어졌다며 농장에서 잡일 따위를 하며 서부를 여행했다. 그리고 뉴욕에 돌아와서도 무기력한 방랑 생활을 이어갔다.

스물일곱 살에 처음으로 결혼을 하고 아이도 가졌지만, 밀러의 방랑 생활은 계속됐다. 제1차 세계대전이 한창이던 때라 젊은 이들은 부족했고 일거리는 넘쳐났다. 하지만 밀러는 진지하게 일할 생각은 하지 않고 접시닦이, 식당 웨이터, 신문팔이, 심부름꾼, 묘지기, 전단지 배포, 호텔 보이, 주류 세일즈맨, 타이피스트, 보험료 수금원, 도서관 직원, 순회 목사의 비서, 항구 노동자, 체육 교사 등 닥치는 대로 일을 하며 무수히 많은 직업을 전전했다. 이렇게 밀러만큼 많은 직업을 거쳐 작가가 된 사람은 아마 찾아보기 힘들 것이다.

이렇게 처자식이 있으면서도 안정적인 직업을 갖지 않았던 밀러는 무슨 바람이 불었는지, 갑자기 웨스턴 유니온 전신회사의 인사과 계장으로 취직했다. 그러고는 서른 살이 되던 해, 3주간의 휴가를 얻어 첫 소설을 집필했다.

물론 그때까지의 인생도 그 나름대로 파란만장했으며 소설의 소재로서도 부족함이 없었다. 그러나 한 여성이 밀러 앞에 등장하면서 그의 인생은 더욱 더 극적으로 변하기 시작했다.

●이 세상의 천국과 지옥을 체험하다

밀러 앞에 나타난 여성은 준이라는 이름의 브로드웨이 댄스홀에서 일하는 댄서였다. 밀러는 그녀를 보자마자 첫눈에 반했고, 그녀와 만난 지 1년이 지난 후 이혼을 하고 바로 준과 결혼했다. 그 무렵 밀러는 출판된다는 보장도 없이 소설 집필을 계속하고 있었는데, 준은 그의 작가로서의 재능을 크게 신뢰하고 있었다.

"나는 당신이 하고 싶은 것을 하는 모습을 볼 때마다 삶의 보람을 느껴. 나를 믿어. 당신에게는 해야 할 일이 따로 있어. 그건 글을 쓰는 거야."

이 얼마나 작가에게 힘이 되는 말인가! 사랑하는 여자에게 이런 말을 들으면 백이면 백 아마 남자들은 힘이 펄펄 날 것이다. 밀러도 그랬다. 그는 웨스트 유니언 전신회사를 그만두고 소설 집필에 전념했다. 그러나 작품은 좀처럼 완성되지 못했고 창작 의욕도 그리 불타오르지 않았다. 그에게는 벌이가 따로 없었기 때문에 두 사람의 생활을 지탱하는 것은 준이었다. 즉, 밀러는 마치 기둥서방처럼 준에게 기생하고 있었던 셈이다.

밀러가 만약 준을 만나지 못했다면 작가로서 자립하지 못했을 것이라고 말하는 사람이 많다. 그도 그럴 것이, 그녀는 그에게 글을 쓸 길을 열어주었을 뿐만 아니라 이 세상의 천국과 지옥을 선사했기 때문이다. '천국'은 그녀와 나눈 정신이 아득해지는 성의 향연을 의미하며, '지옥'은 인생에서 가장 쓰라린 경험이라는 '사랑하는 사람의 배신'을 뜻한다. 준은 밀러의 표현대로 '무절제의 여왕'이었고, 본명도 출신도 알 수 없는 천성적인 거짓말쟁이였다. 밀러가 집에서 글을 쓰고 있을 때, 그녀는 남자들을 찾아다니는 데 여념이 없었다. 더구나 그녀는 양성애자였다. 그녀는 자신의 애인이었던 러시아 여성을 집으로 불러들였고, 세 사람은 기묘한 동거 생활을 하기도 했다.

준과의 생활은 7년 정도 이어졌는데, 그녀와 함께 지내며 맛본 천국과 지옥은 후에《장밋빛 십자가》시리즈로 쓰였다. 그녀의 배신에 상처받은 마음을 추스르지 못했던 밀러는 그녀를 떠나 친구에게 빌린 10달러를 가지고 뉴욕을 떠나 스페인으로 향했다. 하지만 여비가 떨어져 그의 발길은 파리에서 멈추고 말았다. 거기에서 극도로 빈곤한 생활을 했는데, 이때의 경험을 쓴 것이 바로 《북회귀선》이다. 이 작품은 과격한 성애 묘사 문제로 출판되지 못하다가 프랑스의 한 출판사에서 겨우 책으로 나올 수 있었다. 그때가 밀러의 나이 마흔두 살 때였다. 그때야 비로소 자신의 작품이 출간되는 기쁨을 맛본 것이다.

그 후로도 밀러는 세 번의 결혼을 했고, 일흔다섯 살의 나이에 맞이한 아내가 다섯 번째 아내인 일본인 재즈 피아니스트 도쿠다 호키였다. 어쨌든 어느 픽션보다도 파란만장했던 그의 인생은 사십 무렵에서 끝을 맺었다고 말할 수 있겠다. 밀러를 성의 세계로 인도했던 준이라는 주역이 그의 인생 무대에서 사라진 탓이다.

● 성이라는 미지의 영역을 찾아서

밀러의 파란만장한 인생의 의미는 그가 방랑했던 미국의 서부나 고픈 배를 부여잡고 걸었던 뉴욕과 프랑스의 길 위에서 찾아야 할 게 아니라, 침실 안에서 벌어진 사건들에서 찾아야 한다. 그에게 있어 중요한 것은 침실이라는 장소에서 벌어진 일들이었기 때문이다. 자전적 성격이 강한 그의 작품에서 끊임없이 반복되는 성관계 묘사를 보면 알 수 있다. 한 번이라도 밀러의 작품을 읽은 사람이라면 그가 이 세상에서 가장 관심을 가진 건 '성관계라는 행위'였음을 이해할 것이다.

"나의 관심은 성관계 그 자체가 아니라, 나 자신의 해방이다."

밀러는 이렇게 말했지만, 이것은 성관계를 통해 처음으로 자기억제라는 사회의 일반적인 관행에서 해방되어 자신의 능력을 마음껏 발휘할 수 있었다는 것을 뜻한다.

"태양처럼 우리의 내부에서 불타오르고 있는 이 '성'이라는 불꽃은 결코 꺼지는 법이 없다"라던 밀러의 말은 인간이 탄생한 머나먼 옛날부터 경험으로 습득한 진리와도 같다.

"성이라는 것은 나에게 있어 신비로 둘러싸인 미지의 영역으로 영원히 남아 있을 것이다. 인생 그 자체가 신비로운 것임을 받아들이지 않는 한, 우리는 아무것도 배우지 못할 것이다."

밀러의 말처럼 인간의 일생이란 아마도 어떤 신비를 찾아 방황하는 길인지도 모를 일이다.

우리 육체는 그 안에 사는 우리에게 결여된 지혜를 가지고 있다.

중요한 것은 어떤 책, 어떤 경험을
사람이 지녀야 하는가가 아니라
그런 책들이나 경험 가운데
자신의 무엇을 주입하느냐의 문제다.

눈에 보이는 대로의 삶, 사람, 사물, 문학, 음악에 관심을 가져라.
풍요로운 보물과 아름다운 영혼, 흥미로운 사람들로 넘쳐나는
세상에 가슴이 뛴다. 자신을 잊어라.

주저하지 말고 나 자신을 깡그리 숨김없이 드러내는 것. 그것 외에는 아무것도 없다.

살아 있는 책이란 탐욕스럽게 모든 것을
삼켜버리지 않으면 안 되는 정신에
의하여 몇 번이나 한없이 무찔러온
책을 말한다. 활활 타오르는 정신의
불꽃에 불이 당겨질 때까지 아직 그 책은
우리에게 죽은 것과 같다.

헨리 밀러

○ 그 순간 나는 내게 소유물이 없음에,
모든 관계에서 자유로움에,
두려움과 시기심과 악의가 없음에 기뻐했다.
나는 아무것도 소유하지 않고, 후회도 없고,
바라는 것도 없으므로 한 가지 꿈에서
또 다른 꿈으로 조용히 건너갈 수 있었다.

《그리스 기행》

○ 네가 너 자신이 되는 것,
다른 사람이 아닌
바로 너 자신이 되는 것,
그건 정말 위대한 일이야.

《신의 광대 어거스트》

○ 나의 관심은 성관계
그 자체가 아니라,
나 자신의 해방이었다.

작업실에서의 헨리 밀러

Honoré de Balzac
오노레 드 발자크

프랑스 투르 1799 ~ 프랑스 파리 1850

파격은 나의 삶

1799년 프랑스 투르 지방에서 소작농의 아들로 태어난, 프랑스의 소설가이자 극작가, 저널리스트다. 근대 사실주의의 대가로 손꼽힌다. 아들을 변호사로 키우고자 했던 아버지의 뜻에 따라 1815년부터 법학 공부를 시작해 변호사 사무실에서 서기로 일했다. 하지만 1819년 아버지의 뜻을 거역하고 비극 《크롬웰》과 소설 《스테니》를 쓰며 작가의 길을 걷기 시작했다. 이 일로 부모의 지원금이 끊기자 생계를 위해 통속소설가로서 엄청난 분량의 글을 썼다. 발자크는 일확천금을 꿈꾸며 온갖 사업에 손을 대기도 했지만 번번이 실패했다. 인쇄소, 활자제조업, 신문사뿐만 아니라 은광 채굴업까지 시작했지만 수십만 프랑의 빚을 지고 채권자에게 쫓기는 생활을 했다.

연인 베르니의 도움을 받아 시작한 출판업에서도 실패하자, 빚을 갚기 위해 불철주야 작품을 썼다. 그 결실로 20년간 90편의 장편과 중편, 30편의 단편, 5편의 희곡을 남겼다. 이 방대한 작품들을 《인간 희극》이라는 총서로 기획했지만, 계획했던 작품들을 온전히 채우지는 못했다. 하지만 《인간 희극》은 프랑스 문학사에서 독보적인 위치를 차지하는 역작이라는 평가를 받는다.

발자크는 낭만주의와 사실주의, 신비주의적 사상을 담은 작품을 써냈다는 평가를 받는다. 1832년부터 연인이었던 한스카 부인과 1850년 3월 결혼식을 올렸지만 그해 8월 18일 병세가 악화되 51세의 나이로 타계했다.

대표작으로 《외제니 그랑데》 《고리오 영감》 《사촌 베트》 《골짜기의 백합》 《세자르 비로토》 《루이 랑베르》 《시골 의사》 《미지의 걸작》 등이 있다.

● 삶 자체가 파격

"저 사람 왜 저럴까? 매일 실패하고 넘어지면서도 꿈쩍 않고 뭔가를 계속 시도하다니, 도대체 알 수 없는 사람이야." 사람들은 이렇게 몰래 수군거릴 뿐 자신감이 넘치는 그 앞에선 그냥 그를 인정하고 말 수밖에 없었다. '저 사람에게는 도저히 못 당하겠어'라는 생각이 든 것이다. 이렇게 남들에게 비웃음을 받으며 실패만 계속했던 파격적이고 용감한 남자가 있었다. 바로 《고리오 영감》의 작가 오노레 드 발자크다.

발자크는 20년간 90편의 장편과 중편 소설을 썼다. 다작도 이런 다작이 없을 것이다. 물론 이보다 더 많은 작품을 쓴 소설가가 없다는 얘기는 아니다. 하지만 지금도 많은 사랑을 받으며 감동을 주는 걸작을 그만큼 많이 쓴 작가는 드물 것이다. 아니 존재하지 않을 것이다.

작품에서만 그런 것이 아니고, 삶 자체에서도 발자크는 파격의 연속이었다. 발자크는 소설가이지만 글 쓰는 일 외에 온갖 종류의 일에 손을 댔다. 그리고 하나같이 모두 실패했다. 이십 대 중반부터 어마어마한 빚을 지고 평생 채권자들에게 쫓기는 생활을 했다니 그의 삶이 어땠는지 짐작이 가고도 남는다. 어디 이뿐인가. 빚에 쫓기는 와중에서도 그의 삶 전체를 휘감았던 귀부인들과의 연애는 또 어떻게 설명해야 할까. 진정 파격의 대명사라 부를 만하다.

● 온갖 것들을 시도한 소설가

발자크는 사실 파리대학에서 법학을 공부한 법학도였다. 그리고 처음 그의 직업은 변호사 사무실의 서기였다. 그의 부모가 아들을 법률가로 키우고자 했기 때문이었다. 하지만 그의 인생은 부모의 의도와는 다르게 흘렀다.

변호사가 될 줄 알았던 아들이 어느 날 갑자기 작가가 되겠다고 선언하면 어떨까? 그것도 2년의 유예기간을 요청하면서. 발자크의 어머니는 이런 아들에게 파리에서 가장 허름한 다락방을 얻어주었다. 시련을 통해 아들이 성장하기를 바라서가 아니었다. 문학의 꿈을 단념시키기 위해서였다.

발자크는 그 감옥 같은 방에 틀어박혀 비장한 결의를 품고 집필에 힘썼다. 2년의 시간을 들여 한 편의 비극을 완성했는데, 그의 나이 겨우 이십 대 초반이었다. 기고만장한 태도로 작품을 가족과 지인들 앞에서 낭독했으나, 감탄하는 사람은 한 명도 없었다. 또한 연줄을 통해 권위 있는 아카데미 프랑세즈의 한 문학가에게 작품을 가지고 갔지만, 문전박대를 당하고 말았다.

2년의 유예기간이 끝나고 부모의 금전적 원조가 끊기자 발자크는 어쩌다 알게 된 삼류 소설가와 함께 가명으로 통속소설을 쓰기 시작했다. 한 번 읽고 나면 그대로 갖다버릴 수밖에 없는 광고 전단 같은 소설을 마구 써댄 것이다. 생활은 겨우 안정됐지만 만족하지 못했다.

발자크의 크나큰 문제는 귀가 매우 얇다는 것이었다. 그는 몰리에르나 라퐁텐 같은 프랑스의 고전 작가들의 전집을 한 권에 축약해서 출간하면 대박 날 거라는 이야기에 혹해서 출판사를 차렸고, 보기 좋게 망해서 거액의 빚을 지고 말았다. 그러나 발자크는 이에 그치지 않고 출판업보다는 인쇄업이 훨씬 더 돈을 잘 벌 수 있는 업종이라 판단하고 여기저기 돈을 긁어모아 인쇄소를 인수했다. 하지만 이 또한 보기 좋게 실패하고 빚은 더 늘어났다. 이쯤에서 멈추었다면 발자크를 '파격'의 대명사라고 부르지 않았을 것이다. 이번에는 활자제작소를 차렸는데, 이 사업도 망하고 말았다. 결국 그는 스물아홉 살의 나이에 십만 프랑이라는 거액의 빚을 진 빚쟁이 신세가 됐다. 너무 터무니없는 금액이라 평범한 사람이라면 어떻게 갚아야 할지 난감해하며 죽음을 바랐을지도 모른다. 하지만 발자크는 한없이 낙천적인 인물로, 항상 큰돈을 벌 꿈을 좇아 신문을 발행하거나 은광 채굴업에 손을 대거나 또 한때는 정치가를 꿈꾸기도 했다. 그러나 그 어떤 것도 성공하지 못하고 산더미 같은 빚만 남았다. "오래된 빚은 새로이 빚을 내서 갚는다"가 발자크의 경제 원칙이었다.

●성공한 것은 단 하나, 소설

그렇다면 발자크가 성공한 것은 무엇일까? 그것은 딱 하나, 바로 소설이었다. 서른 살이 되던 해, 그는 처음으로 자신의 '본명'을 내걸고 역사소설을 발표했다. 사실 '오노레 드 발자크'는 그의 진짜 이름이 아니다. 진짜 이름은 '오노레 발자크'였지만, 귀족을 선망하던 그가 귀족의 가계를 나타내는 '드'를 제멋대로 넣은 것이다.

그렇게 '오노레 드 발자크'의 소설은 호평을 받았다. 발자크는 잡지와 신문에 그야말로 물밀듯이 작품을 게재했고, 서른한 살의 나이에 그 이름을 널리 알렸다. 그는 자신의 서재에 나폴레옹의 석고상을 놓고 그 아래에 "나폴레옹이 칼로 시작한 일을 나는 펜으로 완성하겠다"고 적어두었다고 한다.

발자크는 모든 사람이 잠든 한밤중에 작업을 했다. 밤 열두 시에 일어나 아침 여덟 시까지 원고를 써내려갔다. 집필을 하는 동안 잠시 펜을 내려놓을 때가 있었는데, 졸음을 쫓으려 커피를 마실 때였다. 하룻밤 사이에도 여러 잔의 커피를 마시던 그는 평생 5만 잔 이상의 커피를 마셨다고 한다. 출판사에서 보낸 산더미 같은 교정지가 아침에 도착하면 발자크는 문장을 좀 추가하거나 수정하는 정도의 교정이 아니라 아예 다시 쓰는 것과 다를 바 없이 고쳤다고 한다.

발자크의 일상은 한밤중에 일어나 집필 작업을 하는 것이었는데, 다른 작가가 평생에 걸쳐 쓸 분량의 원고를 겨우 삼사 년 만에 해치우는 높은 생산성을 보였다. 발자크의 평전을 쓴 스테판 츠바이크는 발자크야말로 "일을 너무 많이 해서 죽었다고 해도 과언이 아니다"라고 말했다.

그렇다면 발자크는 무엇 때문에 이렇게 많은 일을 했을까? 빚을 갚기 위한 것도 있겠으나, 가장 큰 이유는 장대한 인생의 과업을 달성해야 한다는 목표 때문이었다. 그는 19세기 프랑스의 전부를 글로 표현하겠다는 목표를 세우고, 125편의 소설을 쓰겠다는 계획을 세웠다. 그는 등장인물만 2천 명이 넘는 하나의 소우주를 《인간 희극》이라 명명했다. 실제로 집필된 소설은 모두 90편이지만, 이 정도로 생산적인 작가는 다시 없을 것이다.

● 행운의 여신, 그리고 파격의 끝

발자크가 빚졌다는 10만 프랑은 어떻게 됐을까? 소설이 날개 돋친 듯 팔려 많은 돈이 들어왔지만 빚은 조금도 줄지 않았다. 발자크의 낭비벽 때문이었다. 그는 돈이 들어오면 집과 자신의 몸을 화려하게 치장하기에 바빴다. 사교계에도 자주 드나들었고 원고료는 언제나 가불을 해서 썼다. 마흔둘이 됐을 즈음에는 오히려 빚이 이십만 프랑까지 늘어나고 말았다.

발자크는 밝고 쾌활한 성격이긴 했지만 160센티미터가 채 안 되는 작은 키에 통통한 남자였다. 그런 자신을 잘 알고 이상형의 여자를 따로 두지 않아서였을까. 그는 나이나 외모에 상관없이 돈 많은 귀족 미망인과 결혼하는 것이 꿈이었다. 아내가 가져오는 지참금으로 빚을 갚고 자기는 《인간 희극》 집필에만 힘을 쏟고 싶었던 것이다. 실제로 한 백작부인은 채권자들에게 쫓기는 그를 자기 집에 숨겨주기도 하고, 들켰을 때는 그 자리에서 바로 돈을 내주기도 했다. 하지만 그런 일이 언제까지고 계속될 수는 없는 노릇이었다.

그러던 중 행운의 여신은 발자크에게 한 번 더 손을 내밀었다.

우크라이나에 살던 한스카라는 귀족부인이 발자크의 소설에 흥미를 가진 것이다. 편지를 주고받던 두 사람은 곧 밀회를 즐길 정도의 연인으로 발전했고 결혼을 약속하기까지 했다. 한스카는 발자크보다 두 살 연하였지만 그녀에게는 이미 스무 살 연상의 남편이 있었다. 지병에 시달리던 그녀의 남편은 곧 죽을 것 같았지만 쉬이 죽지는 않았다. 발자크는 이러는 와중에도 마구 돈을 써 대며 여러 애인을 만들어 애정 행각을 벌였다. 그러는 사이 한스카의 남편이 숨을 거두었는데 한스카는 무슨 이유인지 결혼을 차일피일 미루기만 했다. 발자크는 이에 굴하지 않고 화려한 저택을 파리에 마련하며 대귀족의 미망인을 맞이하는 데 모자람이 없도록 했다.

그러나 애석하게도 과로를 하며 위에 구멍이 날 정도로 커피를 들이마시던 사십 대 후반의 발자크는 병상에 누워 일어날 수 없는 신세가 되고 말았다. 한스카가 발자크의 청혼에 답한 것은 그가 죽기 다섯 달 전의 일이었고, 파리의 저택에서 함께 기거한 것은 겨우 석 달에 지나지 않았다. 무엇보다 화려하기 그지없는 새로운 서재에서 발자크는 단 한 줄의 글도 쓰지 못했다.

어쨌든 발자크가 자신이 바라는 상황을 기다리기만 했다면 단 한 편의 작품도 남기지 못했을 것이다. 뜻대로 되지 않는 상황에서도 늘 파격을 추구한 덕분에 지금까지 우리에게 사랑을 받는 대작가가 된 것이 아닐까.

○ 남편은 알아야 할 것이다.
아내란 자신이 만들어낸
작품이라는 것을.

○ 사람의 얼굴은
하나의 풍경이며
한 권의 책이다.
용모는 결코
거짓말을 하지 않는다.

○ 아무것도
변하지 않아도
내가 변하면
모든 것이 변한다.

○ 아무리 현명한 사람이라도 불행을 미리 막을 수는 없다.
그러나 그 불행을 밟고 일어나 새로운 길을 발견할 수는 있다.

○ 지나치게 격의 없는 인간은
존경심을 잃고,
너그러운 인간은 무시당하고,
쓸데없이 열의를 보이는 인간은
보기 좋은 이용물이 된다.

오노레 드 발자크

○ 만일 당신이 나를 소유하면
당신은 모든 것을 소유하게 될 것이다.
그 대신 당신의 목숨은
나에게 달려 있게 될 것이다.
《나귀 가죽》

○ **진실하고 선한
감정에는 눈이 있고
지혜가 있다.**
《고리오 영감》

○ 돈 한 푼 없는
사람보다
자기 감정을 전부
드러내보이는 사람을
우리는 더 용납하지
않는다.
《고리오 영감》

〈고리오 영감〉 오노레 도미에, 1842

○ 악덕은 용서하면서도
우스꽝스럽고 이상한 짓은
용서하지 않는 것이 인간이다.
《고리오 영감》

白石

백석

일제 강점기 정주 1912 ~ ? 1996

문학사에서 지워진 이름

1912년 평안북도 정주에서 태어난, 한국을 대표하는 시인이다. 본명은 백기행이고, 아버지 덕분에 일찍 신교육을 받았다. 열아홉 살이던 1930년 〈조선일보〉의 작품 공모에 단편소설 〈그 모母와 아들〉이 당선되면서 등단했다. 또한 그해 3월 조선일보사의 후원 장학생이 되어 일본의 아오야마학원 영어사범과에 입학해서 영문학을 전공했다. 1934년 아오야마학원을 졸업한 후 귀국해서 조선일보사에 입사했다. 출판부 일을 하며 계열 잡지인 〈여성〉의 편집을 맡거나 〈조선일보〉에 외국 문학작품과 논문 등을 번역해 싣기도 했다. 1935년 시 〈정주성〉을 〈조선일보〉에 발표하면서 시인으로 활동하기 시작했다. 1936년 1월에 시집 《사슴》을 100부 한정으로 출간했으며 그해 4월 조선일보사를 그만두고 함경남도 함흥에서 영어교사 생활을 시작했다.

1940년 만주로 이주한 백석은 만주국 국무원 경제부 말단 직원으로 근무하다 창씨개명의 압박을 이기지 못하고 6개월 만에 사직했다. 1945년 해방이 되자 신의주를 거쳐 고향인 정주로 향했다. 1947년에는 문학예술총동맹 외국문학 분과위원이 됐으며 1949년 조선작가동맹 기관지 〈문학신문〉의 편집위원이 됐다. 이후 '조선작가동맹 중앙위원회 외국문학 번역 창작실'에 소속돼 러시아 소설과 시 등의 번역에 몰두했다. 1996년 84세의 일기로 사망했다고 전해진다.

대표작으로 시집 《사슴》을 비롯해 〈통영〉 〈나와 나타샤와 흰 당나귀〉 〈흰 바람벽이 있어〉 〈남신의주 유동 박시봉방〉 등이 있다.

● 청춘에 머물러버린 모든 시인의 시인

 연애편지를 쓰며 인용하던 시 하나쯤은 누구나 있었을 것이다. 또 여자 친구 앞에서 폼 잡으며 읊던 시 또한 한두 편 정도는 있었을 것이다. 그렇지만 '시'는 '소설' 같지 않게 이상하게도 계절이나 장소에 따라 떠오르는 시들이 따로 있다. 사람마다 다를 수 있겠지만 보통은 그렇다.

 예를 들어, 여름이면 "서늘하고 달 밝은 여름밤이여 / 구름조차 희미한 여름밤이여" 하고 시작되는 김소월의 〈여름의 달밤〉을 읊조렸을 것이다. 겨울이면 역시나 이 사람의 〈나와 나타샤와 흰 당나귀〉가 입가에 머물러 떠나지 않았을 것이다. 특히 눈이라도 내릴라 치면 "가난한 내가 / 아름다운 나타샤를 사랑해서 / 오늘밤은 푹푹 눈이 나린다" 하고 짐짓 시인 흉내를 내며 중얼거리곤 했을 것이다.

 이 사람, 하면 떠오르는 이미지가 있다. 훤칠한 키에 말쑥한 정장을 차려입은 모던 보이! 바로 〈나와 나타샤와 흰 당나귀〉의 시인 '백석'이다. 그의 탄생 100주년을 훨씬 넘긴 지금까지도 그는 여전히 20대의 젊은 얼굴로 혼자 쓸쓸히 앉아 소주를 마시며 나타샤가 아니 올 리 없다고 믿는 청년으로 남아 있다.

 문학계에 영원히 청춘으로 머물러버린 이가 한둘은 아니지만, 특히 백석은 남아 있는 작품의 편수가 많지도 않고 시세계를 자유로이 펼친 날들도 짧았다. 또한 그는 공들여 닦은 시 언어를 그릇된 사상의 전파에 사용하는 우를 범하지도 않았고, 반짝이는 시어들을 청춘의 치기로 여기며 그의 감성에 동조한 사람을 부끄럽게 하지도 않았다. 사실 그에겐 그럴 기회가 없었다. 그에게는 청년 이후의 삶과 창작을 드러낼 창구가 없었던 것이다. 그런 비극이 그로 하여금 영원히 《사슴》의 시인이자, '나타샤'를 생각하며 겨울밤을 소주로 달래는 시인이 되게 했다. 그리고 더 나아가 모든 시인의 시인으로 남게 했다. 그의 시들을 떠올릴 때마다 갓 베어낸 풀의 싱그럽고도 씁쓰레한 냄새가 연상되는 것은 그 때문일 것이다.

● 청춘을 청춘일 수 있게 하는 것들

'청춘'은 무엇일까? 나이가 어리고 젊으면 다 청춘일까? 청춘은 말 그대로 인생에서 '새싹이 파랗게 돋아나는 봄철'과도 같은 시기를 말한다. 그러나 그저 어리고 젊다고 해서 청춘인 것은 아니다. 사람이 청춘이기 위해서는 오직 그 시기에만 피워낼 수 있는 열정을 가슴속에 품어야 한다. 그것은 나라를 향한 애국심일 수도 있고, 자신의 꿈을 이루기 위한 향상심일 수도 있다.

그러나 그렇게 꼭 거창한 것만을 말하는 것은 아니다. 대부분의 사람이 일생의 한 시기를 청춘이라 부를 수 있는 것은 그때 가슴 떨리는 사랑을 경험하기 때문일 것이다. 백석이 우리에게 영원한 청춘의 대명사로 남아 있는 것은 그 가슴 떨리는 사랑이 현실에서는 결국 이루어지지 못한 채 그의 가슴에 남아 아름다운 시 언어로 표현된 탓이리라. 제일 처음 백석에게 청춘의 씁쓸한 맛을 안겨준 사랑은 그의 시 〈편지〉에 나타난다.

남쪽 바닷가 어떤 낡은 항구의 처녀 하나를 나는 좋아했습니다. 머리는 까맣고 눈이 크고 코도 높고 목이 패고 키가 호리낭창했습니다. 그가 열 살이 못 돼 젊디젊은 그 아버지는 가슴을 앓아 죽고 그는 아름다운 젊은 홀어머니와 둘이 동지섣달에도 눈이 오지 않는 따뜻한 이 낡은 항구의 크나큰 기와집에서 그늘진 풀같이 살았습니다.

"어떤 낡은 항구의 처녀"는 경남 통영 출신의 박경련이라는 여성이었다. 조선일보사에서 함께 근무하던 친구 신현중이 백석에게 당시 열여덟 살이던 박경련을 소개해주었을 때 백석은 "머리는 까맣고 눈이 크고 코도 높고 목이 패고 키가 호리낭창했던" 그녀에게 첫눈에 반하고 말았다. 하지만 첫사랑은 이루어지지 않는다고 하지 않던가. 백석은 통영으로 내려가 청혼을 했지만 박경련의 부모는 그에게 딸을 줄 수 없다고 단호히 거절했다. 백석은 시 〈통영〉에서 "미역오리같이 말라서 굴껍질처럼 말없이 사랑하다 죽는다"고 절절 끓는 마음을 드러냈다. 그런 백석의 통영행은 세 번이나 이어졌지만 그는 끝까지 결혼 허락을 얻어내지 못했다. 뿐만 아니라 자신에게 박경련을 소개해줬던 친구 신현중이 그녀와 결혼을 했다는 충격적인 소식까지 듣고 말았다. 실연과 배신을 동시에 느낀 백석의 마음에 서글픈 사랑의 회한이 상처처럼 무겁게 드리워진 것은 당연한 일이었을 것이다. 백석은 마지막까지 박경련을 마주하지 못하고 쓸쓸하게 통영을 떠나야만 했다. 그가 조선일보사를 그만두고 함흥으로 가버린 것에는 그런 속사정도 있었던 것이다.

함흥에서 영어교사 생활을 시작한 백석은 박경련을 향한 절절 끓는 마음을 채 삭이기도 전에 다른 여성을 만나게 됐다. 진향이라는 이름의 기생이었다. 백석은 그녀를 처음 만난 자리에서 "당신은 나의 영원한 마누라"이며 "죽기 전엔 우리 사이에 이별은 없다"고 말했다. 그것은 평소 술을 즐기지 않던 백석이 취한 탓에 내뱉고 만 즉흥적인 표현이었을까, 아니면 새로이 만나게 된 여성에게 위안을 받고자 한 약한 마음의 발현이었을까. 확실한 것은 백석이 박경련만큼이나 진향에게도 깊은 사랑을 느꼈다는 것이다. 그리고 그의 '마누라'라는 말에 스물두 살의 진향이 가슴이 벅찰 만큼 큰 떨림을 느꼈다는 것이다.

백석은 그녀에게 '자야'라는 아명을 지어주고 학교 일과가 끝나면 진향의 하숙집으로 달려가곤 했다. 그녀 말고 다른 사람에게는 눈도 주기 싫다며 학교 근처 사진관을 지날 때는 아예 고개를 돌려버리기도 했다. 그런 그를 사랑하는 만큼 진향은 기생이라는 자신의 존재가 백석에게 짐이 될까 두려웠다. 아예 만주로 가 함께 살자는 백석의 말은 그래서 거절할 수밖에 없었다. 진향은 백석의 곁을 떠나 서울로 거처를 옮겨 숨어 지냈다. 그렇게 지내기를 3개월, 어느 날 백석의 친필 메모를 든 심부름꾼이 그녀를 찾아왔다. 그가 건넨 누런 미농지 봉투 안에는 백석이 자기 손으로 쓴 시가 적혀 있었다. 그것이 바로 〈나와 나타샤와 흰 당나귀〉였다.

백석의 '나타샤'가 된 진향은 백석이 집안에서 정한 여자와 결혼을 한 뒤로도 그의 곁을 떠나지 못했다. 하지만 남의 가정을 파괴했다는 죄책감에 다시 그를 떠날 결심을 했다. 백석은 홀로 만주로 향했고, 두 사람은 결국 전쟁으로 다시는 만나지 못했다.

서울에 홀로 남아 요정 대원각을 운영하면서 내내 백석을 그리워하던 진향은 말년에 법정 스님에게 절을 지어달라며 대원각을 기부했다. 그것이 바로 서울의 길상사. "1000억 재산이 아깝지 않느냐"는 기자의 질문에 진향은 "그 사람의 시 한 줄만 못하다"고 대답했다고 한다. 그것이 평생 그의 사랑을 가슴에 품은, '진향'이 아닌 '자야'의 청춘이었을 것이다.

●이루지 못한 사랑과 함께 잊힌 이름

사랑을 잃고 만주로 발길을 돌린 백석의 생활은 곤궁하기 짝이 없었다. 그는 5년 가까이 떠돌이처럼 살았다. 주변의 도움으로 신문에 번역소설이나 자신의 산문을 실어 원고료를 받기도 했고 만주국 국무원 경제부에서 근무하기도 했지만, 이마저도 창씨개명을 강요당하자 곧바로 사직했다. 시간이 지날수록 일제의 강압은 만주를 떠도는 이들에게까지 영향을 미쳤다. 백석은 북만주의 산간 오지를 기행하기도 하고 강제 징용을 피하기 위해 광산에 들어가기도 했다.

만주에 처음 도착했을 무렵 시를 쓰겠다고 부풀어 올랐던 마음은 저물어가는 청춘처럼 어느새 가라앉고 말았던 것일까. "만주라는 넓은 벌판에서 시 1백 편을 건져 오리라" 장담했던 청년의 열정은 1941년의 〈국수〉〈흰 바람벽이 있어〉〈촌에서 온 아이〉〈두보나 이백같이〉〈귀농〉 등의 작품을 마지막으로 더 이상 세상에 드러내지 않았다. 1942년부터 1946년까지 그가 시를 썼는지는 모르겠지만 그 어디에도 발표한 흔적은 없다.

1948년 10월 〈학풍〉에 실린 백석의 시 〈남신의주 유동 박시봉방〉이 해방공간에서 발표된 그의 마지막 작품이다. 그 시에서처럼 "아내도 없고" "아내와 같이 살던 집도 없어지고" 나라가 남과 북으로 나뉘고 그와 그의 작품이 평양에 머무르게 된 이후, 백석은 우리 문학사에서 지워진 이름이 됐다.

백석은 평양에서 번역문학과 아동문학에 몰두하기도 했으나 1959년 협동농장의 축산반으로 쫓겨나면서 북한의 문단에서도 아예 자취를 감추었다. 1996년에 사망할 때까지 백석은 시를 노래하는 청년이 아니라 생활인이자 학생들을 가르치는 선생으로의 삶을 살았다.

백석의 청춘은 이루어지지 못한 사랑과 다 펼치지 못한 시세계와 함께 타의에 의해 저물고 말았다. 그리고 분단이라는 이름으로 그의 시적 재능과 작품 자체가 묻혀버린 것이다. 1000억의 재산이 그의 시 한 줄만 못하다는 사랑 앞에서 그저 가슴이 먹먹할 뿐이다.

바다에 태어난 까닭입니다.
바다의 주는 옷과 밥으로 잔뼈가 굵은 이 바다의 아이들께는
그들의 어버이가 바다로 나가지 않는 날이 가장 행복한 때입니다.
마음 놓고 모래장변으로 놀러 나올 수 있는 까닭입니다.
굴깝지 위에 낡은 돗대를 들보로 세운 집을 지키며
바다를 모르고 사는 사람들을 부러워하며 자라는 그들은
커서는 바다로 나아가여야 합니다.
〈해빈수첩〉

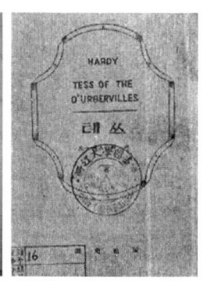

《사슴》 초판본과 백석이 옮긴 《테스》 번역본

가난한 내가
아름다운 나타샤를 사랑해서
오늘 밤은 푹푹 눈이 내린다
〈나와 나타샤와 흰 당나귀〉

나는 나타샤를 생각하고
나타샤가 아니올 리 없다
언제 벌써 내 속에 고조곤히 와 이야기한다
〈나와 나타샤와 흰 당나귀〉

영생고보에서 교편을 잡았던 백석, 1937

나는 이제 이 긴긴밤을 당신께 이 노란 슬픔의 이야기나 해서
보내도 좋겠습니다. 남쪽 바닷가 어떤 낡은 항구의 처녀 하나를
나는 좋아했습니다. 머리는 까맣고 눈이 크고 코도 높고 목이
패고 키가 호리낭창했습니다. 그가 열 살이 못 되어 젊디젊은
그 아버지는 가슴을 앓아 죽고 그는 아름다운 젊은 홀어머니와
둘이 동지섣달에도 눈이 오지 않는 따뜻한 이 낡은 항구의 크나큰
기와집에서 풀같이 살아왔습니다.

〈편지〉

Simone de Beauvoir

시몬 드 보부아르

프랑스 파리 1908 ~ 1986

자신의 주장을 자신의 삶으로 증명한

1908년 파리의 보수적인 중산층 부르주아 가정에서 장녀로 태어났다. 20세기 프랑스 지성을 대표하는 작가이자 철학자, 사회운동가다. 아버지의 파산으로 어려운 생활을 하게 됐으나 수많은 책을 탐독하며 작가가 되겠다는 꿈을 키웠다. 열아홉 살에 파리대학교에서 철학을 전공하고 1929년 스물한 살에 철학 교수 자격시험에 최연소이자 차석으로 합격했다. 당시 수석으로 합격한 장폴 사르트르와 계약 결혼을 하며 세간의 주목을 끌었다. 마르세유, 루앙, 파리 등의 중등학교에서 철학을 가르쳤으나 학생들에게 문란한 사상을 주입한다는 학부모의 항의로 서른다섯 살 때 교직에서 해고당했다. 교사로 근무하던 1943년에 출간한 첫 소설 《초대받은 여자》가 호평을 받으면서 보부아르는 전업 작가로서의 길을 걷기 시작했다. 이후 소설과 에세이, 희곡 등 여러 작품을 출간했으며 사르트르와 함께 〈레탕 모데른〉이라는 정치적 잡지를 발간하기도 했다. 1949년에 발표한 《제2의 성》은 프랑스뿐만 아니라 전 세계적으로 큰 파장을 불러일으키며 현대 페미니즘의 필독도서가 됐다. 1954년에는 장편소설 《레 망다랭》으로 공쿠르상을 받았다.

적극적인 참여를 추구하는 실존주의 철학을 주창하던 보부아르는 사회의 불의에 항의하고 시위에도 가담하는 등 행동하는 지성으로서의 면모도 가감 없이 보여주었다. 1970년대부터는 여성해방운동에 적극적으로 참여하여 낙태와 피임의 자유화, 여성 노동자 권익 보호, 가정폭력 근절 등을 위해 앞장섰다. 평생의 파트너였던 사르트르가 사망하고 6년 후인 1986년, 폐 수술로 인한 합병증으로 타계했다.

대표작으로 《피뤼스와 시네아스》 《타인의 피》 《인간은 모두 죽는다》 《노년》 등이 있다.

● 문학, 현실을 구원하다

"여성은 여성으로 태어나는 것이 아니라 여성으로 만들어지는 것이다."

《제2의 성》에 나오는 아주 유명한 구절이다. 페미니즘에 관심이 없는 사람이라도 친숙하게 느껴지는 말이기도 하다. 이 책의 저자는 바로 20세기 가장 영향력 있는 여성 중 한 명으로 손꼽히는 프랑스 작가 시몬 드 보부아르다.

보부아르는 사회의 부조리에 행동으로 맞서는 지성인이었으며 투사였다. 그리고 인간의 실존에 관해 연구한 철학자였다. 하지만 일반 대중에게 알려진 그녀의 삶은 성별과 나이를 가리지 않는 자유로운 연애 등에 지나치게 치중돼 있는 것이 사실이다. 진정한 '참여 지식인'이었던 그녀는 남은 이들의 입방아에 의해 '그렇게 만들어진' 것이다.

부당한 대우를 참아온 여성들에게 그 족쇄를 벗어던져야 한다고 일깨우던 보부아르의 투쟁은 그래서 아직까지 이어지고 있는 것인지도 모른다.

보부아르는 몰락한 부르주아 가정의 맏딸로 태어났다. 아버지는 물려받은 재산으로 상류사회의 살롱을 다니며 여유로운 생활을 즐겼고, 어머니는 독실한 가톨릭 신자로 딸을 지나치게 억압하고 통제하려 했다. 부모의 상충된 가치관 속에서 혼란을 느낀 그녀는 오히려 그 혼란을 통해 무엇이, 왜 잘못됐는지 고민할 줄 아는 조숙한 소녀로 자라났다. 그렇게 자란 보부아르는 여성의 역할을 지키며 남편의 뒤치다꺼리로 일생을 헌신하는 여성의 삶을 받아들일 수 없었다.

갑갑한 현실에서 보부아르를 구원한 것은 문학과 철학이었다. 아버지가 파산하면서 기운 가세 때문에 가난한 생활을 하면서도 보부아르는 손에서 책을 놓지 않았다. 그녀는 소설과 시 속에서 펼쳐지는 무궁무진한 세계와 지적 탐구에 맹목적으로 매달렸다. 하인도 없이 허름한 집에서 집안일에 파묻혀버린 어머니를 볼 때마다 저렇게 수동적인 삶을 살 수는 없다고 여러 번 다짐했다. 보부아르는 이를 악물고 공부에 매진했으며 결국 최연소로 철학 교수 자격시험에 합격하는 성과를 거머쥐었다.

● 가장 완벽한 파트너

1929년 치러진 철학 교수 자격시험에서 보부아르는 최연소 합격자이자 차석이라는 영광을 차지했는데, 그 시험의 수석은 다름 아닌 보부아르의 연인 장폴 사르트르였다. 두 사람은 파리대학교에서 만나 함께 철학을 연구하던 사이였다.

지혜와 교양이 넘치는 남자를 꿈꾸던 보부아르에게 사르트르는 이상적인 연인이었으나, 외모만 놓고 봤을 땐 그다지 출중하다고 할 수 없는 인물이었다. 어릴 때 병으로 한쪽 눈이 멀어 사시였고 신장은 160센티미터가 채 되지 않았다. 그리고 지나치게 화려한 색의 옷을 입고 다녔기 때문에 눈에 띄는 추남이었다. 하지만 그는 자신의 외모에 기죽는 법이 없었고, 풍부한 지식을 바탕으로 화려한 언변을 구사했다. 특히 막힘없이 써내려가는 그의 글은 문학에 뜻을 둔 보부아르의 마음을 사로잡기에 충분했다.

새로운 것을 시도하는 일을 두려워하지 않고 지적 사유를 즐기며 새로운 관념을 받아들이는 데에 주저하지 않는 모습은 두 사람의 공통 분모였다. 보부아르는 마치 거울을 바라보듯 사르트르에게서 자신의 모습을 발견해냈다. 그처럼 남성과 여성이라는 성별을 떠나 평등하게 서로를 대하고 상대를 배려하며 관심사에 대해 자유롭게 의견을 나눌 수 있는 파트너는 쉽게 찾을 수 없을 것 같았다.

"내 사랑, 당신과 나는 하나야. 나는 내가 곧 당신이고 당신이 곧 나라고 느껴."

보부아르가 사르트르에게 보낸 편지에서 고백한 달달한 마음 표현이다.

다행인지 불행인지 두 사람 모두 결혼에 부정적인 생각을 가지고 있었다. 사르트르는 결혼을 인간을 구속하는 제도라고 여겼고, 마찬가지로 보부아르도 제도와 규범에 얽매이는 결혼은 하고 싶어 하지 않았다. 그러나 결혼이라는 제도적 장치 없이 두 사람이 계속 함께하기는 힘들 터였다. 고심 끝에 내린 두 사람의 결론은 바로 2년이라는 시간 제약을 둔 계약 결혼이었다.

결혼의 조건은 이러했다. 서로를 사랑하고 관계를 지키면서 다른 사람과 사랑에 빠지는 것을 허락할 것, 다른 사람과의 연애를 포함해 어떤 것도 감추지 않고 거짓말하지 않을 것, 각자 경제적으로 독립할 것 등이었다. 두 사람은 평생 아이를 갖지 않기로 합의했으며 가사에서 평등하게 자유로워지고자 거처도 호텔로 잡았다. 호텔에 머무를 때도 각자의 자유를 위해 다른 방에서 생활했다. 함께하지만 혼자일 수 있는 관계, 독립된 주체적 존재로서 함께할 수 있는 이 둘의 관계는 금세 세간의 비난과 존경, 경악과 명성을 한 번에 받게 됐다.

사람들은 두 사람의 실험적인 결혼생활이 곧 질투와 추문으로 파경에 이를 거라 예상했다. 실제로 이 둘은 서로의 연인을 자신의 침대로 유혹하기도 하고, 사랑하기 때문에 겪는 독점욕에 괴로워하던 다른 연인에게 가혹한 이별을 선고하는 등 주변 사람들을 상처 입히기도 했다. 그러나 보부아르와 사르트르는 사람들의 예상을 깨고 50년이 넘도록 계약 결혼 상태를 유지하고 서로를 향한 애정을 솔직하게 주고받았.

1980년 병원에서 눈을 감기 직전, 사르트르는 보부아르를 끌어안고 "나는 당신을 너무도 사랑해"라는 말을 남겼다. 보부아르 또한 죽기 전 사르트르와 주고받은 이야기를 《작별 의식》이라는 제목으로 정리해 마지막 작품으로 발표했다. 이 책은 보부아르가 쓴 책 중에서 사르트르가 읽지 못한 유일한 책이었다.

● 삶으로 입증한 페미니즘

35세가 되던 해 보부아르는 문란한 생활로 학생들에게 나쁜 영향을 미친다는 학부모의 투고로 교사직에서 해고됐다. 그것은 그녀에게 큰 충격으로 다가왔지만, 그녀가 평생 꿈꿔왔던 전업 작가로서의 전환점이 되어주기도 했다.

나는 작가다. 한 명의 여성작가다. 여성작가라는 것은 글을 잘 쓰는 주부가 아니라 글쓰기가 인생의 전부인 사람을 뜻한다.

보부아르는 자신의 회고록 《나이의 힘》에서 작가인 스스로에 대한 자긍심을 이렇게 말하기도 했다.

보부아르는 에세이부터 희곡, 평론, 회고록 등 다양한 종류의 글을 발표하며 작가로서의 입지를 공고히 다졌으며 마흔여섯 살에는 《레 망다랭》으로 공쿠르상을 받기도 했다. 그러나 작가이자 사유하는 철학가로서의 그녀를 세상에 가장 널리 알린 것은 마흔 살에 발표한 《제2의 성》이었다. 이 책은 출간 즉시 2만 부 이상이 팔리면서 사회적으로 큰 파장을 불러일으켰고, 1951년 처음 독일어판이 출간된 이후 전 세계 30여 개 국어로 번역돼 제2물결 페미니즘의 기폭제 역할을 했다.

보부아르는 《제2의 성》을 통해 여성은 주체가 아닌 절대적인 타자로 존재하며 이것은 여성이라는 정체성이 사회에 의해 만들어졌기 때문이라고 주장했다. 그러면서 주체며 절대인 남성과의 관계를 통해서만 타자로서 존재할 수 있는 여성은 종속적인 상황에 놓일 수밖에 없었다는 것을 생물학, 사회학, 철학, 정신분석학, 신학 등의 다양한 이론을 바탕으로 신랄하게 파헤쳤다.

다분히 충격적인 보부아르의 주장에 프랑스의 가부장적인 사회는 크게 요동쳤다. 바티칸의 교황 측은 이 책을 금서로 지정했고, 프랑스의 남자 지식인들은 거센 비난을 서슴지 않았다. 오랜 친분을 쌓아온 작가 알베르 까뮈마저 보부아르가 프랑스의 수컷들을 의도적으로 조롱하고 있다며 비난했다. 사방에서 쏟아지는 비방에도 보부아르는 결코 꺾이는 법 없이 오히려 여성들에게 자유와 평등을 향한 갈증(을 지니고 있음)을 자각하라고 소리쳤다.

보부아르는 여성도 남성과 같이 자유로우며 자기 자신의 미래를 위해 현재의 자신을 뛰어넘어 진정한 독립된 주체가 돼야 한다고 주장했다. 또한 여성 운동의 실천가로서 여성의 피임과 출산, 낙태의 자유를 위해 시위에 직접 참여하기도 하는 등 적극적인 행동에 나섰다.

보부아르는 이렇듯 유구하게 이어진 여성에의 차별을 낱낱이 폭로하고, 자신의 체험이 바탕이 된 글쓰기를 통해 진실된 존재에의 탐구를 멈추지 않았다. 제도에 억압받지 않고 사회적 불의에 적극적으로 대항하던 그녀의 삶 그 자체로 주체적인 여성의 정체성을 정립한 것이다.

자신의 주장을 삶으로 증명한 보부아르는 자신이 바라는 대로 글을 쓰고 사랑하며 살았던, 진정한 의미의 '주체적 여성'이었다.

○ 여자는 태어나는 것이 아니라 만들어지는 것이다.

○ 자기의 몸에 대한 확신을 잃어버리는 것은
자기 자신에 대한 확신을 잃어버리는 것과 같다.

○ 나는 여성 작가다.
단, 여성 작가란 단순히
글을 쓰는 주부가 아니라
자신의 존재 전체로
글쓰기를 지향하는 사람이다.

○ **다른 사람의 삶에
가치를 부여하는 한
그대의 삶은 가치가 있다.**

○ 그대가 모든 것을
버려도 좋다고
생각되는 사람은
결코 그대가 모든 것을
버리지 않도록
최선을 다할 것이다.

시몬 드 보부아르

● 어떤 집단도 타자와 직접 대립하지 않고는
자기 자신을 주체로서 파악하지 못한다.
《제2의 성》

● 여자들은 어디로 갔는가?
그렇지만 먼저 이렇게 물어야 할 것이다.
여자란 무엇인가?
《제2의 성》

● **호기심이 사라지는 순간
노년이 시작된다.**

● 자연사라는 것은 없다.
인간에게 닥치는 그 어떤 일도 결코 자연스럽지 않다.
인간의 존재 자체가
세상에 문제를 제기하는 것이기 때문이다.
따라서 죽음은 돌발 사건이다.
인간이 죽음을 인식하고 받아들인다 할지라도
죽음은 부당한 폭력이다.
《편안한 죽음》

파리에 있는 보부아르와 사르트르의 무덤 묘비

Emily Bronte

에밀리 브론테

영국 요크서 1818 ~ 1848

남자보다 강하고 어린아이보다 순진했던

1818년 잉글랜드 북부 요크셔주의 손턴에서 여섯 남매 중 다섯째로 태어난, 영국의 시인 겸 소설가다. 샬럿 브론테의 동생이고, 앤 브론테의 언니다. 에밀리가 채 두 살이 되기 전 목사인 아버지의 전근에 따라, 벽촌 호어스로 옮겨갔다. 황량한 이 마을이 브론테 남매들의 영원한 안식처이자 문학적 토양이 됐으며, 《폭풍의 언덕》의 배경이 됐다.

1824년 언니 샬럿을 따라 코완 브리지 학교에 입학했지만, 일 년 만에 두 언니가 사망하자 샬럿과 에밀리는 고향으로 돌아왔다. 1846년 샬럿과 에밀리, 앤 세 자매는 각자 자기 이름의 머리글자로 시작되는 필명을 써서 《커러, 엘리스, 액턴 벨의 시집》을 함께 출판했지만 별 반향을 불러일으키지는 못했다. 하지만 에밀리는 《죄수》《내 영혼은 비겁하지 않노라》 등을 출간하면서 시인으로서의 재능을 인정받았다. 1847년에 에밀리의 유일한 소설인 《폭풍의 언덕》이 완성되면서 샬럿의 《제인 에어》, 에밀리의 《폭풍의 언덕》, 앤의 《아그네스 그레이》가 차례로 출간됐다. 이는 영국 소설 역사상 기념비적인 사건이었다. 궁벽한 시골 마을에서 자란 무명의 세 자매 소설이 출간된 것도 놀라운 일이었지만, 그중 10월에 출간된 《제인 에어》와 12월에 출간된 《폭풍의 언덕》은 후세에 길이 남을 명작이었던 것이다.

하지만 책 출간 이후 건강 상태가 급속도로 나빠지면서 에밀리는 결국 1848년 폐결핵으로 짧은 생애를 마쳤다. 그녀의 나이 겨우 서른 살이었다.

대표작은 《폭풍의 언덕》이다.

●특이하고 신비로운 자매들

천지창조 이야기에 따르면, 하느님은 남자를 먼저 만든 다음 그가 혼자라서 외로울 것 같아 여자를 만들었다고 한다. 미루어 짐작해보면 하느님은 여자를 만들 때, 남자보다 훨씬 더 정성과 수고를 들였음에 틀림없다. 온갖 피조물 중에서 여자만큼 복잡하며 신비로운 존재가 없기 때문이다.

세계 문학사에서 그처럼 복잡하고 신비로운 여성 작가의 대표를 꼽는다면 《폭풍의 언덕》의 작가 에밀리 브론테가 아닐까. 작가 자신과 마찬가지로 그녀의 작품도 남자로서는 도저히 풀 수 없는 수수께끼와 같다. 게다가 에밀리는 언니 샬럿, 여동생 앤과 함께 참으로 신기한 생애를 보냈다. 세 자매는 거의 같은 시기에 남자는 도저히 쓸 수 없는 대단한 작품을 썼다. 이는 세계 어느 나라의 문학사에서도 그 예를 찾기 힘든 기념비적 성과라 할 수 있다. 실로 특이하고 신비로운 자매들이라 아니 할 수 없다.

●서로가 서로에게 의지하며

특이하다고 하면 에밀리의 아버지 패트릭 브론테도 빼놓을 수 없을 것이다. 잉글랜드 북부의 한 시골 교회 목사인 패트릭에게는 두 가지 이상한 습관이 있었다.

하나는 매일 새벽녘에 목사관의 침실 창문에서 교회의 탑을 향해 권총을 쏘는 것이었다. 목사와 권총이라니! 전혀 어울리지 않는 괴이하고도 특이한 조합이다. 아무래도 그는 남자로서 입신출세를 하지 못하고 시골 목사라는 신분에 안주해버린 스스로를 한탄했던 것 같다. 우울한 기분을 달래기 위해 그런 행위를 한 것으로 보인다. 다른 하나는 언제나 자기 서재에서 혼자 식사를 했다는 것이다. 식탁에 둘러앉아 가족이 함께 식사를 즐기는 따뜻한 정경은 이 집에서는 찾아볼 수 없었다. 에밀리의 어머니가 일찍 세상을 떠났기 때문에 빚어진 광경이었다.

어쨌든 이런 환경에서 자라나면 누구나 식사 예절도 모르고 편식이 심한 아이가 되고 마는 건 자연스러운 현상 아닐까. 게다가 아버지라는 사람이 숨어서 혼자 식사를 했으니, 음식을 먹는다는 행위 자체를 부끄러워한 것도 이상한 일이 아니었다.

세 자매는 기숙학교에서 부실한 식사를 하게 되면서 이러한 경향이 더욱 강해졌다. 결국 세 자매 모두 '신경성 식욕부진증' 즉 '거식증'에 걸리고 말았다.

에밀리보다 한 살 위인 오빠 브랜웰 역시 같은 환경에서 자라났지만 거식증에 걸리지는 않았다. 그러나 화가를 꿈꾸며 세 자매의 초상화를 그리기도 했던 브랜웰은 자신의 재능을 꽃피우지 못하고 술과 마약에 빠져 비참한 최후를 맞이했다.

에밀리는 "외부 세계는 매우 절망적이므로, 나는 내면의 세계를 소중히 하고 싶다"고 시에 쓴 적이 있다. 그녀의 시처럼 브론테 집안의 사람들은 이웃과 교류를 하는 일도 거의 없었다. 게다가 세 자매는 아버지가 돌아가시면 무일푼 고아가 되고 말 것이라는 두려움에 늘 떨고 있었다. 《제인 에어》와 《폭풍의 언덕》의 주인공인 제인 에어와 히스클리프가 모두 고아인 것은 그런 자매의 마음이 반영됐기 때문일 것이다. 세 자매는 서로가 서로에게 의지하며 가난하고 고독한 나날을 견딜 수밖에 없었다.

● 비슷한 삶, 비슷한 죽음

자매지간인 샬럿 브론테, 에밀리 브론테, 앤 브론테. 이 세 사람처럼 거의 비슷한 일생을 보내고 거의 비슷한 죽음을 맞이한 자매도 아마 드물 것이다.

그들은 모두 학업을 마치면 입주 과외교사로 일하게 되어 있었다. 그러나 공교롭게도 세 사람 모두 우울증에 걸려 불면과 식욕부진에 시달리다 결국 몽유병자 같은 상태가 됐다. 결국 어렵게 얻은 직장을 길게는 여덟 달, 짧게는 두세 달 만에 그만두고 목사관으로 돌아오고 말았다. 이처럼 여러 차례 같은 일을 반복해 겪으면서, 세 사람은 자신들이 외부 세계에 적응할 능력이 부족하다는 사실을 깨닫게 됐다. 그리하여 세 사람은 함께 학교를 설립할 계획을 세우지만 학생은 한 명도 모이지 않았다.

사실 세 사람의 공통된 꿈은 시인이나 소설가가 되는 것이었다. 이들은 모두 어릴 적부터 공상 속의 이야기와 시를 써왔다. 특히 에밀리는 스물두 살 무렵부터 이미 자기 천직은 시인이라고 확신하고 있었다.

샬럿의 주도로 세 사람의 시집《커러, 엘리스, 액턴 벨의 시집》이 출간된 것은 에밀리가 스물일곱 살 때의 일이었다. 자비로

1,000부를 인쇄했으나, 정작 실제로 팔린 것은 단 2부뿐이었다.

결코 좌절하지 않는 것이 여자의 힘이라고 해야 할까. 아니면 자매의 무서운 단결력이라고 해야 할까. 세 사람은 이에 굴하지 않고 바로 소설을 출판하기 위한 계획을 세웠다. 놀랍게도 그들은 거의 동시에 소설을 완성했다. 그러고는 아무리 거절당해도 좌절하지 않고 출판사에 자신들의 작품을 줄기차게 보냈다. 그런 노력이 현실이 되어 샬럿의《제인 에어》, 에밀리의《폭풍의 언덕》, 앤의《아그네스 그레이》가 모두 출판됐다.《제인 에어》는 출간되자마자 호평을 받으며 그들의 생활을 윤택하게 만들었고, 《폭풍의 언덕》도 많은 인기를 얻어 출판사에서 다음 작품을 채근할 정도였다. 당연한 말이지만 세 자매는 바로 다음 작품에 착수했다.

그러나 운명의 장난은 가혹했다. 참으로 갑작스럽게, 브론테 일가의 생이 끝나고 말았으니. 자매의 소설들이 출판된 이듬해인 1848년 9월, 먼저 에밀리의 오빠 브란웰이 세상을 떠났고, 12월에는 폐결핵에 걸린 에밀리가 그 뒤를 따랐다. 그리고 반년 후에는 앤도 사망했으며 샬럿은 그로부터 6년이 지난 후 숨을 거두었다. 홀로 남은 건 아버지 패트릭이었다. 그는 84세까지 살았다.

● **참으로 이해하기 힘든 사랑 이야기**

가장 신기한 점은 에밀리 브론테가 외부 세계에 대해 잘 모르면서《폭풍의 언덕》같은 소설을 썼다는 것이다. 에밀리는 가족

이외의 남성과 이야기를 나눈 적도 거의 없었다고 한다. 그녀가 알고 있는 세계는 황량한 목사관과 그 주변, 그리고 학생과 교사의 신분으로 보낸 몇 개의 기숙학교가 전부다. 그런데 그런 그녀가 써낸 책 《폭풍의 언덕》은 복잡하게 뒤엉킨, 참으로 이해하기 힘든 사랑 이야기다. 짧게 요약하면 이렇다.

여주인공 캐서린은 어릴 적 친구인 히스클리프를 마음속 깊이 사랑하면서도 다른 남자 에드거와 결혼한다. 그리고 히스클리프는 캐서린의 남편 에드거의 여동생과 결혼한다. 히스클리프는 "캐서린을 잃은 후 살아 있다는 것 자체가 지옥이다"라고 말하면서도 삶을 이어나간다. 하지만 캐서린이 열병으로 사망한 후에는 자포자기에 빠져 삶의 의욕을 잃는다. 그러던 어느 날, 캐서린의 유령을 만난 뒤 나흘간의 단식과 불면 끝에 죽고 만다.

기쁜 표정으로 죽은 히스클리프의 얼굴과, 캐서린의 관을 부수어 자기 시신을 그 곁에 눕혀달라는 히스클리프의 유언을 에밀리는 강조하고자 했을 것이다. 이 세상에서 맺어지지 못한 사랑이 저세상에서는 성취될 수 있다고 말하고 싶었던 것이리라.

신비로운 피조물인 여성이기 때문에 쓸 수 있었던, 신비로운 사랑 이야기라고 해도 좋을 듯싶다. 그렇다면 에밀리 브론테는 어떤 상황에서 이런 이야기를 떠올리게 됐을까? 외부 세계에 조금도 적응하지 못했던 에밀리는 이 세상에서 성취될 수 있는 사랑은 인정하고 싶지 않았던 것일까?

이 신비로운 소설은 읽는 이의 마음을 강하게 사로잡는 매력이 있다. 이 소설이 얼마나 매력적인지는 지금껏 수많은 평론가들의 갑론을박을 보더라도 잘 알 수 있다. 히스클리프가 영웅인지 아니면 악인인지, 캐서린이 비극의 여주인공인지 아니면 제멋대로 구는 여자에 지나지 않는지 아직까지도 한마디로 정의내리지 못하고 있다.

단순하게 정의내릴 수 있는 소설을 대단한 작품이라고 할 수 있을까. 아마 그럴 순 없을 것이다. '빛나는 감수성과 시적이고 강렬한 필치로 표현한 비극성'(《폭풍의 언덕》에 대한 일반적인 평가) 저변에, 실제로 일어난 일처럼 실감나게 리얼리티를 담아낸 덕분일 것이다. 작가 또한, 현실 세계가 복잡하고 혼란스러운데 이치에 맞고 알기 쉬운 소설을 쓸 정도에 머물러서는 세계적 작가라는 수식어를 붙일 수 없을 것이다.

그런 면에서 에밀리 브론테의 《폭풍의 언덕》은 삶 속에서 감내하기 힘든 고독감과 소외감을 느낀 작가가 살아 숨 쉬는 영혼을 담아 쓴 소설이라 할 수 있지 않을까.

> 남자보다도 강하고, 어린아이보다도 순진하며, 누구보다도 고고한 사람이었다.

에밀리 브론테의 언니 샬럿이 에밀리에 대해 남긴 말이다.

◉ 나는 내 안의 내가 원하는 곳으로 걸어갈 것이다.
다른 안내자를 고르는 것은 정말 끔찍하다.

◉ 사랑은 들장미,
우정은 호랑가시나무.
들장미 꽃이 필 때는
호랑가시나무 꽃은 색이
바래버린다.
하지만 어느 쪽이
항상 피어 있을까?

◉ 이처럼 조용한 대지 밑에서
편안히 잠들지 못하는 사람들이 있으리라고는
아무도 상상조차 못하리라.

◉ 우리의 영혼이
무엇으로 만들어졌든
나와 그는 같은 모양이다
《폭풍의 언덕》

브론테 자매를 기리는 브론테 박물관, 영국 요크셔 호워스

형제 브란웰 브론테가 그린 자매의 초상화, 1835년경
왼쪽부터 차례대로 앤, 에밀리, 샬럿.
원래 에밀리와 샬럿 사이에는 브란웰이 그려져 있었지만
자신이 직접 지웠다.

○ 내 영혼은 겁쟁이가 아니어서
폭풍이 몰아치는 곳에서도
떨지 않는다네.

《폭풍의 언덕》

○ 모든 것이 죽어 없어진다 해도
그만 있다면 나는 계속 존재할 테고,
다른 모든 것이 있더라도 그가 사라진다면
내게 이 세상은 아주 낯선 곳이 되고 말 거야.

《폭풍의 언덕》

Emily Bronte

Lou Andreas-Salomé

루 살로메

러시아 상트페테르부르크 1861 ~ 독일 괴팅겐 1937

진정한 팜 파탈은 무엇일까

1861년 러시아 상트페테르부르크에서 프랑스계 러시아 고급장교의 막내딸로 태어난. 독일의 작가이자 평론가, 정신분석가다. 당대 많은 지성인과 문호들에게 지적 영감을 주었던 최초의 여성 정신분석학자로 알려져 있다. 어릴 때부터 철학과 논리학 등에 깊은 관심을 보였으나, 본격적으로 공부한 것은 열아홉 살에 입학한 취리히대학에서였다. 스물한 살에 만난 젊은 철학자 파울 레와 정신적 교감을 나누었으며, 파울 레에게 철학자 프리드리히 니체를 소개받은 후 두 사람 모두에게 구애를 받았다. 육체적 관계가 철저히 배제된 세 사람의 동거는 청혼을 거절당한 니체가 집을 나가면서 종료됐고, 레의 청혼이 이어지자 살로메가 동거하던 집을 떠나며 사실상 세 사람의 관계가 모두 종료됐다.

이 무렵 살로메는 명상록 《하느님을 차지하려는 싸움》과 소설 《루트》를 차례로 발표하면서 작가로서의 명성을 얻었다. 스물여섯 살 때 살로메는 자신과 결혼해주지 않으면 죽어버리겠다고 자학하던 언어학자 F. K. 안드레아스와 성생활을 하지 않고 자유연애를 허락한다는 조건으로 결혼함으로써 모두를 놀라게 했다. 그 후로 살로메는 시인 라이너 마리아 릴케와 연애를 하며 그의 문학세계를 크게 발전시켰다. 릴케와 헤어진 후 정신분석학의 대가 프로이트를 만나 죽을 때까지 지적 교류를 유지했다. 살로메는 병원에서 《프로이트에 대한 나의 감사》를 완성한 후 1937년 75세에 유방암과 요독증으로 타계했다.

대표작으로 《인간의 아이들》 《릴케》 《프로이트에 대한 나의 감사》 등이 있으며, 사후 자서전 《인생회고》가 출간됐다.

● 오직 자신만을 위한 삶을 살기로 하다

 사랑이란 무엇일까? 또 사랑의 종류에는 어떤 것이 있을까? 사랑이 무엇인지는 한마디로 정의 내리기 힘들지만, 대략 쾌락을 좇는 육체적 사랑과 정신적 사랑과 지적인 사랑 등으로 나누어 볼 수 있지 않을까. 여러 형태의 사랑이 있지만 이를 모두 갖추기란 흔치 않다. 누구나 관계를 맺으면서 일정 부분 포기하며 살아간다. 때로는 상대가 원하는 관계를 유지하기 위해 자신의 삶을 무리하게 맞추기도 한다. 그러나 자신의 삶을 포기하지 않으면서 여러 형태의 사랑을 모두 성취한 사람이 있다면 믿을 수 있을까? 많은 지성들과 자유로운 연애를 하며 그들의 뮤즈가 된 작가가 있다. 바로 19세기 여성의 통념을 깬 루 살로메다.

 살로메만큼 수많은 남성들에게 사랑을 받으며, 그들에게 지적이고 영적인 영감을 끊임없이 제공한 만인의 연인이 또 있을까. 그러나 그녀를 대단한 인물로 만든 것은 당대 지성들과의 숱한 염문설이 아니었다. 그것은 문학, 철학, 정신분석 등 여러 분야에서 두각을 보인 그녀의 지성과 그녀 스스로 이룬 독립성이었다.

 "나는 이상적인 삶이란 것을 그대로 따라 살지 않을 것이고 누군가의 이상이 되지도 않을 거예요. 난 오직 나 자신의 삶을 살아갈 뿐이에요."

 살로메가 이십 대에 자신의 오빠에게 보낸 한 편지에 쓴 말이다. 이 편지에서 밝힌 신념을 살로메는 평생을 걸쳐 지켜낸 보기 드문 여성이었다.

● 사랑과 우정은 함께 존재할 수 있을까

살로메는 그녀의 훌륭한 작품보다 '니체의 연인'이나 '릴케의 연인'으로 더 많이 알려져 있다. 팜 파탈 이미지가 강하다. 그러나 그녀가 먼저 나서서 남자를 유혹하거나 상대에 대한 집착으로 파괴적인 행동을 저지른 적은 없다. 단지 지적인 교류를 원하는 살로메를 가만두지 않았던 것은 모두 남자들이었다.

살로메의 매력에 가장 먼저 매료된 것은 목사 하인리히 길로트였다. 당시 살로메는 열일곱 살이었고, 길로트는 사십 대의 유부남이었다. 길로트는 살로메에게 철학과 신학, 논리학 등을 가르쳤는데, 수업을 하는 사이 살로메를 이성으로 느끼게 된 것이다. 그는 살로메에게 청혼했고, 살로메는 큰 충격을 받았다. 지적인 교류만을 생각했던 살로메에게 믿고 따르던 성직자의 돌변한 태도는 신에 대한 믿음과 사랑을 모두 잃게 만들었다. 큰 상처를 받은 살로메는 어머니와 함께 러시아를 떠나기로 결심하고, 당시 여성을 받아주던 취리히대학에 입학하기 위해 스위스로 갔다.

대학에 들어가서 학업에 열중하던 살로메는 건강이 나빠졌고, 의사의 권유에 따라 요양을 하기 위해 어머니와 함께 이탈리아 로마로 떠났다. 그리고 따뜻한 그 땅에서 살로메는 운명의 남자들을 마주하게 된다. 서로의 영혼을 뒤흔들게 될 두 남자, 바로 철학자 파울 레와 프리드리히 니체를 로마에서 만나게 된 것이다.

친구인 두 남자는 처음 만난 순간부터 살로메에게 빠져들었다. 먼저 만난 것은 레였다. 레는 문학 살롱에서 살로메를 보자마자 열렬한 사랑에 빠져버렸다. 살로메와 나누는 깊은 대화에 매료됐던 것이다. 니체는 성베드로 성당에서 살로메를 처음 만났는데, 그 역시 첫눈에 반해버렸다. 오죽했으면 요즘의 플레이보이들이나 쓸 법한 인사를 건넸을까.

"우리는 어느 별에서 떨어져 여기서 서로 만나게 된 걸까요?"

두 남자는 남녀의 사랑을 갈구했지만 살로메가 원했던 것은 육체적인 관계로 이어지는 사랑이 아니었다. 그저 인간 대 인간을 바탕으로 한 지적이고 이성적인 관계였다. 이성과 지성을 흐리게 할 정도로 지나친 두 사람의 사랑 앞에서 고심하던 살로메가 내린 극단적인 결론은 세 사람의 공동생활이었다. 육체적 사랑을 이기는 영혼의 결합을 추구했던 그녀로서는 어쩌면 당연한 결론이었다. 그러나 사랑 앞에 정신을 잃어버린 두 남자에게는 가혹한 동거 생활이었다. 결국 니체가 먼저 그녀에게 청혼을 했는데, 살로메는 이를 냉담하게 거절했다. 영혼의 상처를 입은 니체는 세 사람의 집을 떠났고, 실연의 아픔을 창작의 열정으로 바꿔나갔다. 그렇게 탄생한 것이 바로 니체의 걸작 《차라투스트라는 이렇게 말했다》다.

실패한 사랑의 끝은 언제나 불행한 법인가. 니체는 걸작을 남겼으나 살로메에게 받은 상처를 끝내 극복하지 못했다. 그는 발작과 졸도를 반복하다 정신이상을 일으켜 생애의 마지막 10년을 정신병원에서 보냈다. 정신병원에서 죽어가던 니체는 유언처럼 이런 말을 남겼다고 한다. "나는 그때도 그녀를 사랑했고, 지금도 여전히 그녀를 사랑한다."

니체의 친구 레 또한 니체가 사망한 지 1년 후 살로메와의 추억이 가득한 절벽에서 떨어져 자살하고 말았다.

이렇게 치명적인 매력으로 당대 가장 뛰어난 인물들을 사로잡았던 살로메는 그들의 지성과 감성을 자극해서 능력을 최대치로 끌어올린 구원자 역할을 했다. 생의 가장 빛나는 순간을 열정적으로 보낸 이들이 그 후로 사그라지는 재처럼 변한 것도 어쩌면 필연일지 모르겠다.

●고통 속에서 영그는 대가의 길

살로메는 니체와 헤어진 후 언어학자 프리드리히 카를 안드레아스와 결혼했다. 이 결혼에는 성관계를 전혀 하지 않고 각자의 자유연애를 보장한다는 조건이 붙어 있었다. 살로메의 나이 스물여섯 살 때였다. 두 사람의 혼인 관계는 안드레아스가 죽는 날까지 계속됐다. 이것은 여자는 반드시 결혼해야 한다는 당시의 관습적인 틀에서 스스로를 보호하는 것이었고, 자신이 바라던 자유를 마음껏 누릴 수 있는 기회를 갖겠다는 살로메의 의지의 결과였다. 이런 기회를 잘 활용하여 살로메는 명사들과 지적인 토론을 나누며 그들의 지식을 습득해갔다.

여성으로서의 매력과 재능을 함께 겸비한 작가로 변신한 살로메는 《하느님을 차지하려는 싸움》과 《루트》를 발표하며 작가로서의 명성을 얻었다. 이뿐만이 아니라 숨겨진 재능을 펼치지 못하고 있는 이들을 간파해 그들을 고양시키는 데에도 열중했다.

살로메가 베푸는 그런 은혜의 최대 수혜자가 나타났는데, 다름 아닌 스물두 살의 무명 시인 릴케였다. 니체와 레가 살로메에게 지식의 문을 열어줬다면, 삼십 대의 완숙한 살로메는 어리고 소심한 릴케에게 대시인이 될 수 있는 새로운 세상을 열어줬다.

살로메는 릴케보다 열네 살이 많았다. 나이 차이가 나는 살로메는 마치 어머니처럼 릴케를 따뜻이 감싸 안으며 그의 부족한 부분을 채워줬다. '르네'라는 아명을 '라이너'로 바꾸게 하고, 우아한 필체로 글을 쓰도록 하고, 강하고 남자다운 매력을 깨우치도록 가르치기도 했다. 릴케는 이런 살로메와 함께한 4년 동안 소심하던 무명 시인에서 위대한 시인으로 완전히 변모했다.

나는 릴케의 아내였다. 왜냐하면 내게 릴케는 최초의 실재였으며, 그를 통해 내 정신과 육체가 분리될 수 없는 하나가 됐기 때문이다.

회고록 《인생회고》에서 살로메가 밝힌 릴케에 대한 진실한 사랑 고백이다. 하지만 살로메는 릴케가 모성애와 이성의 사랑이 뒤섞인 감정에서 벗어나 독립을 해야 한다는 점을 잘 알고 있었다. 그런 이유로 릴케를 떠나보냈지만, 릴케는 그녀에게 버림받았다는 생각을 떨칠 수 없었다. 그녀에게서 받은 그 고통은 릴케에게 또 다른 문학적 경지를 넓혀주는 데 혁혁한 공을 세웠다. "나에게 더 이상 행복을 줄 수 없다면 당신의 고통을 달라!" 살로메가 했다는 이 말은 릴케에게도 그대로 적용된 셈이다.

●자유로운 여자, 삶의 주인이 되다

살로메는 삼십 대가 될 때까지 육체적 사랑을 철저하게 배제하기는 했지만, 성을 비하하거나 혐오하지는 않았다. 그녀에게 성은 삶의 원동력이고 인간성의 본질이며 지성만큼이나 고귀한 것이었다. 이런 생각이 당대 유명한 심리학자 프로이트의 이론에 깊은 관심을 가지게 했고, 1912년 오스트리아 빈에서 프로이트를 만나 그의 제자가 됐다. 그리고 프로이트가 죽을 때까지 사제관계를 유지하며 좋은 친구로 지냈다.

살로메의 무엇이 당대 최고의 지성인들을 이토록 매료시켰을까? 한눈에 사로잡는 외형적인 매력이야 기본이었을 테고, 무엇보다 자아를 잃는 법 없이 독립된 한 사람의 인간으로 존재했기 때문 아닐까. 살로메의 행보는 보수적인 19세기 유럽에서 사람들의 입방아에 오르내리며 스캔들의 중심에 서기에 충분했다. 작가나 학자로서의 업적보다 그녀의 연애가 더욱 회자되는 것도 그런 이유 때문일 것이다. 많은 남자들이 그녀를 사랑했고, 그중 몇몇은 그녀에게 받은 상처를 극복하지 못해 파멸에 이르렀다. 그러나 그것이 살로메의 잘못이라고 할 수는 없을 것 같다. 누구보다 자유로운 존재인 그녀를 속박하고자 했던 남자들의 그릇된 사랑이 문제였다면 모를까.

시대를 앞서간 여자! 반짝반짝 빛나는 총기를 자기 자신은 물론 상대에게도 전했던 여자! 루 살로메는 자기 삶의 진정한 주인으로 살다간 최고의 여인이었다.

°여자는 사랑 때문에
죽지 않는다.
그러나 사랑의 결핍에 의해
서서히 죽어간다.

루 살로메, 파울 레, 프리드리히 니체, 1882

°나에게 더 이상
　행복을 줄 수 없다면
　당신의 고통을 달라.

○ 나는 이상적인 삶이란 것을
그대로 따라 살지 않을 것이고
누군가의 이상이 되지도 않을 거예요.
난 오직 나 자신의 삶을 살아갈 뿐이에요.

살로메의 편지 중에서

○ 나는 릴케의 아내였다.
왜냐하면 내게 릴케는
최초의 실재였으며, 그를 통해
내 정신과 육체가 분리될 수
없는 하나가 됐기 때문이다.

《인생회고》

괴팅겐에 있는 루 살로메의 묘지

George Sand

조르주 상드

프랑스 파리 1804 ~ 프랑스 노앙 1876

사랑한다, 고로 존재한다

1804년 프랑스 파리에서 귀족 출신인 아버지와 서민 출신인 어머니 사이에서 태어난, 프랑스 낭만주의 시대의 대표적인 여성 작가다. 본명은 아망틴 뤼실 오로르 뒤팽이다. 일찍 아버지를 여의고 노앙에 있는 할머니의 손에서 자랐다. 열여섯 살에 지방의 귀족과 결혼했으나 행복한 결혼 생활은 오래 유지되지 못했고, 별거 생활을 하며 파리에서 작가 활동을 시작했다. 남장 차림의 여인으로 자유분방한 생활을 하며 여러 문인들이나 예술가들과 친교를 맺었다. 특히 시인 뮈세와 음악가 쇼팽과의 모성애적인 연애 사건은 당시 엄청난 스캔들을 일으켰을 정도로 유명하다.

일생 동안 우정과 사랑을 나눈 사람들이 2천 명이 넘을 정도로 상드는 '사랑의 여신'이었다. 그야말로 모성애와 우애와 연애로 일관된 삶을 산 낭만파의 대표 작가다. 1832년 남녀평등과 여성의 자유로운 정열의 권리를 주장한 첫 작품 《앵디아나》를 발표해 대성공을 거뒀다. 특히 그녀가 남긴 편지들을 조르주 뤼뱅이 26권으로 편집하여 완성한 서간집은 세계 문학사에서 서간 문학의 최고봉으로 꼽히고 있다. 또한 선각적(先覺的)인 여성해방운동의 투사로서도 재평가되고 있다.

대표작으로 자전적 소설 《렐리아》, 사회소설 《콩쉬엘로》, 전원소설 《마의 늪》《소녀 파데트》, 자서전 《내 인생 이야기》 등이 있다.

● 완전하고 진실한 사랑을 찾아서

'그 사람은 지금 무슨 생각을 하고 있을까? 나에게 마음이 있기는 한 것일까? 이대로 밀어붙여도 될까? 더 다가가면 멀어지는 것은 아닐까?'

이렇게 생각하며 창피를 당할까 봐 망설였던 경험은 사랑을 했던 사람이면 누구에게나 있었을 것이다. 사랑에 소심한 남자에게 지레 겁을 먹거나 주저하지 않게 하는 대담한 여자가 있었다. 주위의 시선에 전혀 신경 쓰지 않고 용감했던 여자, 그녀의 이름은 조르주 상드다.

"이 세상에서 사랑을 제외하면 대체 무엇이 남을까? 인생의 진정한 즐거움은 사랑하는 것뿐이다. 하지만 그 '사랑'도 육체와 육체가 이어지지 않는다면 아무 소용이 없다."

상드의 대담한 말이다. 그녀는 또 이렇게도 말했다.

"우리는 육체만의 존재도 아니며 정신만의 존재도 아니다. 우리는 육체이며 동시에 정신이다. 어느 하나가 결여된다면 진실한 사랑은 존재할 수 없다."

상드의 생애는 그녀의 말처럼 '완전하고 진실한 사랑'을 탐구하고 실천하는 것이었다.

● 쇼팽이 사랑한 여자

상드의 이미지는 '언제나 애인을 곁에 두고 남장 차림으로 담배를 피우고 있는 여자'라고 할 수 있을 것이다. 그녀가 담배와 함께 잠시도 곁에서 떨어뜨린 적이 없는 것이 바로 애인이었다. 평생 애인을 몇 명이나 두었는지 연구자에 따라 각기 다를 정도다.

상드는 열여섯 살에 결혼해서 남작부인이 됐지만, "행복을 가장하고 있었지만, 죽고 싶을 정도로 지루하고 싫증이 나 있었어요"라고 남편에게 편지를 보낼 정도로 힘든 나날을 보냈다.

상드의 남편은 상드가 좋아하는 소설이나 피아노에는 아무런 관심이 없는 사람이었다. 말 그대로 멋이 없고 풍류를 모르는 남자였다. 게다가 바람기 많은 플레이보이에다 손찌검까지 해대는 폭력적인 사람이었다. 그런 남편에게 보란 듯이 보복하고 싶어서였을까. 상드는 결혼한 지 5년이 지났을 때 처음 애인을 두었고, 그 후 일흔두 살에 세상을 떠날 때까지 끊임없이 애인을 곁에 두고 살았다. 당시의 법으로는 이혼이 불가능했으므로 결혼한 지 8년이 되던 해에 두 사람은 별거에 들어갔고, 이후 정식으로 별거 협정이 성립됐다.

거리낌 없이 애인을 거느렸지만, 당시 파리의 사교계에서 상드의 행동은 가십거리 정도에 불과했다. 하지만 상드는 사람들의 입에 오르내리는 것을 겁내지 않았고, 오히려 그런 스캔들로 유명해지는 것을 노리기도 했다. "여자는 애정을 공공연히 드러내서는 안 된다고 생각할지 모르지만, 나는 달라요." 그녀가 당차게 한 말이다.

상드가 사랑한 남자 중 가장 유명한 사람은 아마도 폴란드 태생의 작곡가 프레데리크 쇼팽일 것이다. 쇼팽은 약 8년간 상드의 애인이었는데, 그 기간이 쇼팽의 일생에서 가장 왕성하게 창작을 한 기간이었다. 상드는 파리에서 고향 노앙으로 돌아왔을 때 자신의 집을 살롱처럼 개방해 많은 예술가들을 초대했는데, 거기서 쇼팽을 처음 만났다. 그 노앙의 정원에서 자기 꼬리를 물려고 애쓰는 강아지를 본 쇼팽이 작곡한 것이 유명한 〈강아지 왈츠〉다. 또한 상드와 함께 지중해의 마요르카섬에서 지내던 동안, 그치지 않는 빗소리를 들으며 작곡한 것이 피아노곡 〈빗방울 전주곡〉이기도 하다.

상드의 사랑은 언제나 진실했고 헌신적이었다. 결핵에 걸린 쇼팽을 위해 (성생활도 포기한 채) 그를 헌신적으로 보살폈고, 쇼팽은 상드의 보살핌 속에서 왕성한 작품 활동을 할 수 있었다. 하지만 세상사 모두 시작이 있으면 끝이 있는 법이라고 했던가. 결국 두 사람은 서로에게 지친 나머지 헤어지게 되는데, 상드는 편지 한 통으로 이별을 고하고 쇼팽을 떠나버렸다. 상드와는 달리 쇼팽은 죽을 때까지 자신을 떠난 상드를 그리워했다고 한다.

쇼팽보다 훨씬 이전에 상드의 애인이었던 유명한 사람이 있었다. 바로 시인 뮈세다. 뮈세도 알코올 중독과 정신이상으로 발작을 일으키며 상드를 우울증으로 내몰 정도로 힘들게 했다. 베네치아로 떠난 요양 여행에서도 뮈세는 발작을 일으켜 드러누웠고, 상드는 밤을 새우며 그를 간호했다. 하지만 뮈세는 자신의 주치의와 상드의 사이를 의심하며 그녀의 목을 조르기까지 했다. 공포와 우울감에 지친 그녀는 자기도 모르게 주치의에게 끌리고 말았고, 그렇게 시작된 묘한 삼각관계는 결국 길게 이어지지 못했다. 상드는 뮈세와 주치의 모두에게 이별을 고했고 한 달이 지난 후, 새로운 애인을 만나 다시 사교계에 모습을 드러냈다.

진실한 사랑을 찾기 위한 탐구도 멈추지 않았지만, 헤어진 상대에게는 일말의 미련도 갖지 않는 결단력도 출중한 여자가 상드였다. 서로 헤어진 후 2년이 지나 쇼팽이 타계했을 때 상드는 그의 장례식에도 참석하지 않았다고 한다.

● 언제나 그녀의 중심에는 사랑이 있었다

상드가 사랑에 자신의 인생을 내던진 것은 무엇 때문이었을까? 상드가 시인 뮈세와 사귀던 스물아홉 살 때 발표한 자전적 소설 《렐리아》에 나오는 문장에서 그 힌트를 찾을 수 있지 않을까.

> 정신적인 사랑은 타인에게 얼마든지 느끼게 할 수 있고 내 스스로도 느낄 수 있어요. 하지만 저에게 육체적인 사랑은 인연이 없답니다. 아니, 그보다 저는 그 사랑을 느낄 수 없다고 해야겠지요.

아무래도 상드는 불감증이 있었지 않나 하는 생각이 들게 하는 대목이다. 그 때문에 채워지지 못한 육체적인 사랑을 찾아 헤맸지 않나 하는 추측들이 있다. 상드가 정말로 불감증이었는지는 아직까지도 연구자들 사이에서 논쟁이 일고 있는 문제다. 실제로 불감증이었다는 주장에도 설득력이 있으며, 그렇지 않다는 주장에도 일리가 있기 때문에 연구자들도 쉬이 결론을 내지 못하고 있는 상태다.

그러나 확실한 것은 상드가 대단히 정이 많고 애인에게 아낌없는 애정을 쏟은 인물이라는 점이다. 상드는 진실한 사랑으로 가득 찬 정신과 그렇지 않은 육체 사이에서 방황을 했던 것일까. 그녀와 그녀의 애인들만이 알고 있을 것이다.

한편, 상드를 유명하게 만든 것은 애인의 수뿐만이 아니라 발표한 작품의 수도 어마어마하다는 점이었다. 작가로서 그 누구보다 열정적으로 왕성한 작품 활동을 했다. 상드가 평생 쓴 소설은 약 70편이고, 자전적 작품은 20편에 이른다. 그 외에도 희극, 평론, 에세이 등을 남겼고, 전집은 150여 권이나 된다.

처음 상드가 소설을 쓰기 시작한 것은 남편과 별거를 시작한 후 파리에서 지낼 생활비를 벌기 위해서였다. 그녀는 결혼으로 인해 남편의 노예가 되어버린 여성의 비극을 그린 《앵디아나》를 스물여덟 살에 발표하며 호평을 받았다. 많은 작품을 발표하며 양과 질에서 모두 발자크와 어깨를 나란히 할 정도의 인기 작가가 됐고, 플로베르의 절찬을 받기도 했다. 그녀의 인기가 얼마나 대단했는지 러시아에서 그녀의 명성을 듣고 투르게네프가 노앙에 있는 그녀의 집까지 찾아왔을 정도였다고 한다.

상드가 열정적으로 써낸 것은 소설만이 아니었다. 그녀는 약 3만 통에 달하는 편지를 남기기도 했다. 3만 일을 햇수로 계산하면 82년이나 된다. 성인이 된 이후부터 편지를 썼다고 가정하면 이틀에 세 통씩 썼다는 계산이 나온다. 게다가 편지는 모두 하나같이 몇 장이나 되는 장문이었다. 또 그녀에게는 두 명의 자녀가 있어서, 남편과 별거한 후에는 혼자서 아이들을 양육했다.

이처럼 상드는 사랑에만 몸을 던진 여자가 아니었다. 상드가 쓴 어느 편지를 보면 "나는 말처럼 일하고 고양이처럼 밤을 지샙니다"라는 구절이 있다. 이 편지의 글처럼 그녀는 밤을 지새우며 왕성한 작품 활동을 한 여성 작가의 표본이다.

상드는 말 그대로 한 사람의 여자가 생각할 수 있는 모든 것을 전부 해낸 철인과도 같다. 물론 그 중심에는 사랑이 있었다.

사랑은 여자의 미덕이다. 죄를 명예로 만들어주는 것이 바로 이 사랑이다. 여자에게 후회를 감히 무시할 수 있는 용기를 주는 것은 바로 이 사랑이다.

상드의 작품 《앵디아나》 속에 나오는 문장인데, 이 문장이 상드 자신을 가장 잘 표현하는 말이 아닐까 싶다.

나이 먹는 것을 소멸로 향하는
내리막길로 보는 것은 잘못이다.
오히려 나이를 먹는다는 것은
정상을 향해 힘찬 발걸음을 내딛는 것이다.

사랑하라.
인생에서 좋은 것은
그것뿐이다.

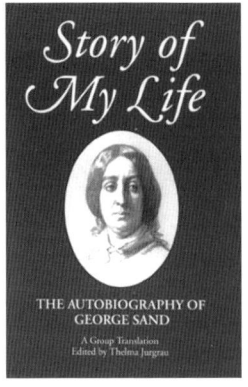

《내 인생 이야기》(1855)의 영문판

꽃을 꺾기 위해 가시에 찔리듯,
상처받기 위해 사랑하는 것이 아니라
사랑하기 위해서 상처받는 것이다.

**삶에서 얻을 수 있는
한 가지 확실한 행복은
사랑하고 사랑받는 것이다.**

행복의 필수 요소는 소박한 취향, 약간의 용기,
어느 정도의 자제력, 자기 일에 대한 애정,
그리고 무엇보다 떳떳한 양심이다.

조르주 상드

○ 산다는 것은 멋지고 아름다운 일입니다.
괴로움, 남편, 권태, 부채, 가족들 그리고 가슴이 미어지는
고뇌와 끈질긴 중상모략에도 불구하고 산다는 것은 도취하는
것입니다. 사랑한다는 것은 가슴 설레는 일이며, 행복입니다.
천국입니다. 아! 나는 맹세코 예술가의 생애를 살고 싶습니다.
나의 좌우명은 자유입니다.

상드의 편지 중에서

○ 사랑은 여자의 미덕이다.
죄를 명예로 만들어주는 것이
바로 사랑이다.
여자에게 후회를 감히
무시할 수 있는 용기를 주는 것이
바로 사랑이다.

《앵디아나》

〈리스트의 환상적인 피아노 연주〉 요제프 댄하우어, 1840
그림 속 연주를 듣는 인물 중 조르주 상드(중앙 의자)가 있다.

George Sand

15

Antoine de Saint-Exupéry

앙투안 드 생텍쥐페리

프랑스 리옹 1900 ~ 프랑스 남부 해안? 1944

별이 되어 하늘로 날아간 어린 왕자

1900년 프랑스 리옹에서 태어난 프랑스의 소설가이자 공군 장교다. 생텍쥐페리는 어린 시절부터 감성이 풍부하고 미지에 대한 열정이 넘치던 소년이었다. 1917년 6월 대학 입학 자격 시험에 합격한 후 파리로 가서 해군사관학교 입학을 준비했으나 구술 시험에서 낙방했다. 그 후 파리 예술 대학에 들어가 15개월간 건축학을 공부했으며, 이 무렵 《어린 왕자》에 들어간 삽화를 직접 그렸다. 1921년 공군에 입대해 조종사 면허를 땄고, 1926년 아프리카 북서부와 남대서양 및 남아메리카를 통과하는 우편 비행을 담당했다.

자동차 회사, 민간 항공 회사에서 근무하다가 《야간 비행》의 주인공으로 알려진 디디에 도라를 알게 됐다. 생텍쥐페리는 다카르와 카사블랑카 사이의 우편 비행을 하면서도 밤에는 《남방 우편기》를 집필할 정도로 열정적이었다. 1929년 아르헨티나의 항공사에서 근무하면서 조종사로서 최고의 시간을 보내게 되는데, 이때의 경험을 토대로 쓴 것이 《야간 비행》이다.

1939년 육군 정찰기 조종사가 됐으며, 1940년 제2차 세계대전이 발발하고 프랑스가 독일에 함락되자 미국으로 탈출했다. 1943년 연합군에 합류해 북아프리카 공군에 들어갔지만, 1944년 7월 31일 프랑스 남부 해안에서 정찰비행을 하다 행방불명됐다.

대표작으로 《야간 비행》 《인간의 대지》 《전시 조종사》 《어린 왕자》 등이 있다.

● 모험심이 넘치던 하늘의 시인

요즘 세상에 비행기를 무서워하는 사람은 그리 많지 않을 것이다. 어쩌면 땅 위를 달리는 자동차만큼이나 자주 비행기를 이용하는 사람도 많을 것이다. 하지만 인간이 비행기로 하늘을 날게 된 지는 백 년밖에 되지 않았다. 초기의 비행기는 얼마나 위태롭고 위험한 물건이었을까. 그만큼 이것을 조종하던 사람들은 상당한 용기와 모험심을 가진 이들이었을 것이다. 비행기 조종, 용기, 모험심을 떠올리면 생각나는 한 사람이 있다.

바로 《어린 왕자》로 유명한 생텍쥐페리다. 그는 그야말로 모험심이 넘치던 하늘의 용사였다. 그는 비행기 조종사로서 여러 번 생명의 위협을 느끼면서도 말 그대로 죽을 때까지 하늘을 계속 날았다. 그는 책상 앞에서 글만 쓰는 작가가 아니었다. 행동의 한계가 사유의 한계와 일치한다는 믿음으로 쉬지 않고 행동의 반경을 넓혔던 사람이었다. 그런 그에게 하늘이야말로 가장 어울리는 사유 공간이었을 것이다. 그리고 이렇게 사유한 것을 글로 쏟아내는 '하늘의 시인'이었다.

● 하늘에 매료된 사나이

생텍쥐페리는 명문 귀족인 장 드 생텍쥐페리 백작과 마리 드 퐁콜롬브 사이에서 3남 2녀 중 셋째로 태어났다. 태어날 때부터 눈이 부실 정도의 금발이어서 '태양의 왕자'라는 별명으로 불렸다. 여섯 살 때부터 시를 썼지만 생텍쥐페리는 기계 만지는 것을 굉장히 좋아했다. 공책에 상상 속의 기계를 그리기도 했고, 돛이 달린 자전거를 발명하기도 했다.

생텍쥐페리가 처음 비행기를 타본 것은 그의 나이 열두 살 때의 일이었다. 여름방학 때 앙베리외의 비행장에 놀러갔다가 친해진 비행사 덕분이었다. 그때 경험한 첫 비행의 감동을 잊지 못하고 비행기 조종사가 되겠다는 꿈을 품게 됐다. 그가 본격적으로 하늘을 날기 시작한 것은 스물한 살 때 공군에 입대한 이후였다.

비행 훈련을 1시간 20여 분 받은 것이 전부였던 어느 날, 생텍쥐페리는 교관이 없는 틈을 타 단독 비행을 감행하는 대담한 행동을 벌였다. 혼자 하늘을 날며 인생 최고의 기분을 만끽했지만, 착륙하는 방법을 아직 배우지 못한 그는 난감한 처지에 빠지고 말았다. 그러는 사이 비행기 후미 부분에 불이 붙었고, 어떻게든 착륙을 시도한 끝에 큰 상처 하나 없이 무사히 귀환했다. 이것을 본 교관은 "넌 천생 하늘에서 죽을 녀석이야"라고 말했다. 생텍쥐페리의 무모함을 탓한 말이지만 그 예언은 불행하게도 적중하고 만다.

생텍쥐페리의 생애는 위험의 연속이었다. 공군에 입대한 지 2년째 되던 해에 엔진 고장으로 착륙에 실패하면서 두개골에 중상을 입었다. 제대할 때까지 비행 기술을 습득하기는 했으나, 이 사고로 그는 결국 하늘을 나는 꿈을 접을 수밖에 없었다.

공군에서 제대한 후 여러 직장을 전전했지만, 어디에서도 적응하지 못했다. 자동차 회사에 취직한 적도 있었는데, 1년 반 동안 겨우 트럭 한 대밖에 팔지 못했다. 하늘에 매료돼 있던 사나이가 땅 위의 자동차에 만족할 수는 없었던 모양이다.

● **시련의 연속, 그리고 진짜 용기**

약 3년간의 샐러리맨 생활을 끝내고 생텍쥐페리는 항공회사에 취직했다. 당시 항공회사의 주요 업무는 우편물 배달이었는데, 생텍쥐페리는 사하라사막에 둘러싸인 아프리카의 인적 드문 비행장의 책임자로 임명됐다. 그는 여기서 마치 수도승처럼 고독한 나날을 보냈다.

어느 날, 사막에 불시착한 조종사를 구조하기 위해 그 일대를 지배하고 있던 이슬람교도들과 전투를 벌인 적이 있었다. "총알이 피리를 불면서" 머리 뒤를 날아가는 체험을 한 생텍쥐페리는 친구에게 보내는 편지에 이렇게 썼다.

> 용기는 아주 아름다운 감정들로 이루어진 것이 아니네. 약간의 분노, 약간의 허영심, 대단한 고집, 그리고 스포츠를 즐길 때의 통속적인 쾌감이 거기 있지. 무엇보다 육체적 힘을 증진시킨다든가 하는 일은 용기와 아무 상관이 없네. 이제 나는 그저 용감하기만 한 사람은 더 이상 칭찬하지 않을 걸세.

생텍쥐페리는 스스로 말했듯이 "가장 곤란하고 불확실한 생애를 선택"했다. 하지만 중요한 것은 그런 생애를 어떻게 살아나갈 것인가 하는 점이었다. 그는 세상 모든 일에 목숨을 걸 듯 덤벼들었다. 서른한 살에 결혼을 한 그는 프러포즈까지 '목숨을 걸고' 했다. 사랑하는 여인을 비행기에 태우고 키스를 요구하며, "만일 내게 키스해주지 않으면 이대로 추락해버릴 거야"라고 아주 진지한 얼굴로 말했다. 그런 상황이 되면 누구라도 프러포즈를 거절할 수는 없었을 것이다.

비행 사고로 여러 번 죽을 고비를 겪은 생텍쥐페리였지만 가장 큰 시련은 서른다섯 살 때 타고 있던 비행기가 리비아사막에 추락한 일이었다. 기적적으로 상처 하나 없이 불시착하기는 했으나, 동료 조종사와 단둘이서 사막을 사흘이나 헤매야 했다. 물 없이는 19시간 정도밖에 생존할 수 없다는 사막에서 두 사람은 1리터의 커피와 오렌지 하나를 나누어 먹으며 견뎠다. 탈진해 쓰러지기 직전, 마침 그 근처를 지나던 상인들에게 구조돼 목숨을 건질 수 있었다. 이 때 있었던 일을 상세히 기록한 《인간의 대지》라는 작품에서 그는 이렇게 말했다.

나는 이미 명백한 사실 하나를 깨달았다. 견디지 못할 일은 아무것도 없다. 인간은 한 번 경험을 하게 되면 더 이상 겁을 먹지 않게 된다. 인간에게 공포를 주는 것은 미지의 것들뿐이다. 그러나 경험에 직면한 사람에게 있어 그것은 더 이상 미지의 것이 아니다.

'진짜 용기'를 아는 사람의 모습이 아닐 수 없다.

●밤하늘의 별이 되다

생텍쥐페리는 《인간의 대지》가 베스트셀러가 되고 작가로서 명성을 얻고 난 후에도 하늘을 향한 열정을 잃지 않았다. 그리고 무엇보다 그는 행동하는 애국자였다. 제2차 세계대전이 시작되자 독일군에 대항하여 싸우자는 목소리를 드높였다. 당시 미국에 머물고 있었지만 지체하지 않고 조국으로 돌아와 튀니스에 주둔하고 있던 자신의 옛 비행중대에 복귀했다. 그러나 그의 나이가 걸림돌이었다. 그는 이미 마흔 살이 넘어서고 있었던 것이다. 서른 살 전후여야 한다는 조종사 연령 제한 때문에 비행을 허가받지 못하고 교관 업무를 맡았다. 하지만 그는 포기하지 않고 백방으로 뛰어다니며 야전 투입을 간청했고, 결국 단 5회의 정찰비행만 허락한다는 조건으로 비행중대에 복귀할 수 있었다.

5회로 한정됐지만 생텍쥐페리는 그 조건을 지키지 않았다. 출동 순번이 아님에도 자신이 잘 아는 사부아 정찰이라는 이유를 들어 출동을 자원하는 등 수시로 출동을 나가고자 했다. 그러다 안시 상공에서 엔진 고장이 일어나 실수로 이탈리아 제노아 상공까지 이르렀고 격추 위기에 몰리기도 했다.

그리고 운명의 1944년 7월 31일 8시 30분이 다가왔다. 마지막 임무 수행을 위해 이륙한 생텍쥐페리는 복귀 예정 시간인 13시 30분이 넘어서도 돌아오지 않았다. 아니 밤하늘의 별이 됐는지 지금껏 돌아오지 않고 있다. 《인간의 대지》에서 《전시 조종사》로 살면서 《야간 비행》도 두려워하지 않던 그는 《어린 왕자》가 되어 시인이 사는 별로 영원히 떠난 것이다.

밤이 되면 별을 쳐다봐. 내 별은 너무 작아서 어디 있는지 아저씨한테 가르쳐줄 수가 없어. 그게 더 나아. 내 별은 아저씨에게 수많은 별 중 하나가 될 거고 모든 별들이 아저씨의 친구가 될 거야.

두고 온 장미를 잊지 못하던 어린 왕자가 뱀에게 물린 후 별로 되돌아갈 때 했던 말이다.
생명보다 더 귀한 모험과 사색을 찾아 평생 하늘을 날고자 했던 생텍쥐페리는 지금 어느 별에서 살고 있을까? 밤하늘에서 빛나고 있는 수많은 별 중 하나에 살고 있을 생텍쥐페리가 그리워지는 밤이다.

내 비밀은 바로 이거야. 정말 간단해.
마음으로 볼 때만 진정으로 볼 수 있어.
가장 중요한 것은 눈에는 보이지 않거든.
《어린 왕자》

네 장미가 너에게 중요한 존재가 된 건, 네가 장미에게 들인 시간 때문이야.
《어린 왕자》

사랑이란 서로 마주보는 것이 아니라
함께 같은 방향을 바라보는 것이다.
《인간의 대지》

생텍쥐페리와 친구 기요메

미래에 관한 한
그대의 할 일은
예견하는 것이 아니라
그것을 가능케
하는 것이다.

앙투안 드 생텍쥐페리

사막 위의 생텍쥐페리

● 불운은 내면에서 온다.
외부적인 불운은 없지만
내적인 불운은 있다.
불운은 스스로 취약하다는 생각이
드는 순간 찾아오는 것이며,
그때부터 실수가 현기증처럼
우리를 사로잡는다.
《야간비행》

● **사막이
아름다운 것은
어딘가에
샘을 숨기고 있기
때문이다.**
《어린 왕자》

● 작은 역할이라도 자신의 역할을 알 때,
그때 우리는 행복해질 수 있다.
그때만이 평화롭게 살 수 있으며 평화롭게 죽을 수 있다.
왜냐하면 삶에 의미를 주는 것이 죽음에도 의미를 주기 때문이다.
《인간의 대지》

Antoine de Saint-Exupéry

16

徐志摩

쉬즈모

중국 저장성 1897 ~ 1931

자유를 노래한 진정한 낭만주의자

1897년 중국 저장성 하이닝시의 부유한 집안에서 태어난, 중국 현대시의 개척자로 불리는 낭만파 시인이다. 항저우 제일중학을 졸업한 해에 상하이의 유력한 정치가 장룬즈의 딸 장요우이와 결혼했다. 베이양대학교와 베이징대학교에서 법학을 공부했으며, 이 무렵 평소 존경하던 량치차오를 만나 스승으로 삼았다. 1918년 미국으로 유학을 떠나 클라크대학교에서 역사학을 공부했다. 그 후 뉴욕의 컬럼비아대학교 경제학과에 입학해서 석사 학위를 받았으나 러셀에 심취해 박사 과정을 포기하고 영국의 케임브리지로 떠났다. 영국에 체류하면서 운명의 여인 린후이인을 만나고, 낭만주의의 영향을 받아 시를 쓰기 시작했다. 중국으로 돌아와 베이징대학교와 난징대학교 등에서 교수 생활을 했다. 특히 잡지 〈현대평론〉과 〈신월〉을 창간해 당시 시단에 큰 파장을 불러일으켰다.

사랑과 자유, 아름다움을 노래한 중국 최고의 낭만파 시인으로 일컬어지는 쉬즈모는, 1931년 강연에 참석하기 위해 오른 비행기가 추락하면서 서른다섯 살의 젊은 나이로 사망했다. 1949년 중화인민공화국이 세워지자 '부르주아 시인'으로 낙인 찍혀 무덤이 파헤쳐지고 불태워지기도 했다. 1978년 개혁개방 이후 비로소 그의 작품에 대한 금지가 풀렸다.

대표작으로 시집 《즈모의 시》 《피렌체의 하룻밤》 《맹호집 서》 등이 있다.

● 모든 것을 버리고 노래한 '사랑'과 '자유'

우리 모두에게는 자신이 지향하는 삶의 태도가 있고, 소위 가치관이라 부르는 믿음 같은 것도 있다. 이런 것들은 매일 반복되는 일상 속에 자연스레 녹아 그 사람의 모습을 이루기도 하지만, 인생 자체를 지탱하거나 운명을 바꾸는 힘이 되기도 한다.

또 이런 힘을 현실적인 문제에 쓰는 사람도 있고, 이상이라는 높은 곳에 쏟아붓는 사람도 있다. 특히 이상적인 곳에 그 믿음이 가 닿으면 신앙과도 같은 힘을 가지게 된다. '사랑'과 '자유', '아름다움'을 이런 신앙처럼 받들고 산 사람이 있다. 바로 중국의 현대 낭만파 시인 쉬즈모다.

쉬즈모는 독특한 개성을 지닌 시인이었다. 그는 겨우 10년 남짓한 시간 동안 시인으로 활약했지만, 남긴 작품은 150여 편에 이른다. 그는 '변혁'이라는 역사적 요구와 '민족 영혼 개조'의 문학관이 저변에 깔려 있던 당대의 문단에서도 이상적 낭만주의자로서의 성향을 끝끝내 잃지 않았다. 이런 이유로 중화인민공화국 수립 이후 그의 작품은 부패한 '부르주아의 노래'로 비난받고 소외됐다. 1968년 문화대혁명 때는 부관참시를 당하기도 했다.

쉬즈모의 무덤이 복구되고 시집이 복간되는 등 재평가를 받게 된 것도 지금으로부터 얼마 되지 않은 1983년의 일이다.

살아서도 죽어서도 그야말로 평탄하지 않았던 쉬즈모였다. 어쩌면 그의 삶은 그가 신앙처럼 떠받든 '낭만'에 대한 열망이 아니었다면 누구보다도 부유하고 편안했을 터였다. 그는 자신이 가진 모든 것을 버리고 '순수한 사랑'을 노래한 셈이다.

● **인생을 뒤흔들 인물들을 만나다**

쉬즈모는 저장성 하이닝시의 부유한 집안에서 독자로 태어났다. 1915년 당시 국민당의 유력한 정치인 집안의 딸 장요우이와 결혼했는데, 두 사람의 결혼은 경제력과 정치력이 결합한 전형적인 상류계층의 정략결혼이었다. 쉬즈모는 결혼 후 베이징대학교에서 법학을 공부하며 평생의 스승이 된 량치차오를 만났다.

1918년 아버지의 뜻에 따라 미국으로 유학을 간 쉬즈모는 클라크대학교에서 사회학과 역사학 등을 공부했다. 그리고 1920년에는 컬럼비아대학교에서 경제학 석사 학위를 취득하기도 했다. 하지만 산업화로 인한 서구문명의 폐해와 탐욕스러운 자본주의에 크게 실망하고는 박사 학위를 포기했다.

그 대안으로 찾은 러셀의 반서구문명, 반식민주의 사상에 크게 매료된 쉬즈모는 1920년 가을 영국 유학길에 올랐지만 그토록 만나고 싶었던 러셀은 만나지 못했다. 러셀이 케임브리지대학교에서 해임되고 중국으로 장기간 순회강연 여행을 떠났던 것이다. 그는 비록 러셀을 만나지는 못했지만, 영국에 체류하며 자신의 인생을 뒤흔들 인물들을 만나게 된다.

첫 번째 인물은 유명한 정치학자이자 철학자인 골즈워디 디킨슨이었다. 쉬즈모는 디킨슨의 주선으로 케임브리지대학교에 입학할 수 있었다. 또한 디킨슨을 통해 당대 지식인들과 친분을 쌓으며 19세기 초 영국의 낭만주의에 깊이 심취하게 됐다. 정치경제학을 공부하던 학자에서 낭만을 노래하는 시인으로서의 전향이 바로 이 시점에 발생하게 된 것이다.

　두 번째 인물은 쉬즈모의 삶과 문학에 디킨슨 못지않게 깊은 영향을 끼쳤는데, 바로 그에게 디킨슨을 소개해준 린창민의 딸 린후이인이었다. 린창민은 당시 국제연맹 회의에 참석하기 위해 딸과 함께 런던에 체류 중이었는데, 그의 명성을 익히 들어 알고 있던 쉬즈모는 린창민을 만나기 위해 그의 강연장을 찾았다. 이것을 인연으로 린창민의 집을 자주 방문하던 쉬즈모는 린창민의 딸 린후이인에게 매료되고 말았다. 아름다운 외모의 린후이인은 쉬즈모보다 여덟 살이나 어렸지만 문학과 예술, 회화와 연극 등 다방면에서 뛰어난 기량을 지닌 인물이었다. 쉬즈모는 난생 처음 진정한 사랑을 느꼈고, 린후이인에게 지속적인 구애를 보냈다. 하지만 정략결혼이라고 해도 이미 처자식이 있던 쉬즈모의 구애는 받아들이기 힘든 일이었다. 결국 쉬즈모는 둘째를 임신하고 있던 아내 장요우이에게 이혼을 요구했고, 영국을 떠나 독일의 베를린에서 아이를 출산한 장요우이가 이혼 합의서에 도장을 찍으며 둘은 이혼했다. 이렇게 해서 쉬즈모는 중국 최초로 합의 이혼을 한 남자가 됐다. 이혼까지 감행한 쉬즈모는 자신의 구애가 당연히 받아들여질 것이라 생각했지만, 이미 집안끼리 약속한 정혼자가 있던 린후이인은 미국으로 유학을 떠나 결혼을 해버린 상태였다. 쉬즈모는 처자식과 첫사랑을 모두 잃어버린 비운의 사내가 된 것이다.

쉬즈모에게 남은 것은 아름다운 자연 경관과 실연의 상처뿐이었다. 그리고 그가 할 수 있는 것은 가슴속에서 들끓고 있는 사랑을 비통한 마음으로 노래하는 것이었다. 린후이인을 잊지 못해 남긴 시가 바로 대표작 〈우연〉이다.

시 속으로 들어가 보면, 쉬즈모의 애끓는 감정을 느낄 수 있다. 시 속에서 쉬즈모는 우연히 시작됐으나 이별이 불가피했던 사랑은 잊어 달라고 말한다. 그러면서도 결코 잊지 말아 달라고 애원하는 역설의 고통을 호소한다.

평생 처음 느낀 사랑은 이렇게 한 젊은 청년의 인생을 뒤바꿔 놓고는 저 멀리 사라지고 말았다.

●이상과 희망 대신 좌절을 노래하다

린후이인에 대한 사랑의 실패로 방황하던 쉬즈모 앞에 상하이 사교계의 꽃이라 불리던 루샤오만이라는 여성이 나타났다. 그녀는 유부녀였지만 아름다운 외모와 재능으로 쉬즈모를 사로잡았다. 쉬즈모의 세 번째이자 마지막 여자였다.

미국 웨스트포인트 사관학교 출신의 군인 남편과 사이가 좋지 않았던 루샤오만은 쉬즈모를 만난 후 이혼하고 쉬즈모와 재혼했다. 가족을 포함한 모든 사람이 반대했지만 그들은 아랑곳하지 않았다. 결혼 후에도 쉬즈모의 부모님은 두 사람을 인정하지 않았다. 쉬즈모의 첫 번째 부인 장요우이가 이혼 후에도 두 아이를 키우며 쉬즈모의 부모님을 모시고 살고 있었기 때문이었다. 쉬즈모의 부모님은 자신들의 며느리인 장요우이의 유산도 이미 따로 챙겨 둔 상태였다. 그리고 사치와 허영이 심한 사교계의 여성과 재혼한 아들을 못마땅하게 여기며 그때까지 쉬즈모에게 지원하던 경제적인 도움도 끊어버렸다.

경제적 어려움에도 허영심을 버리지 못하는 새 아내와의 불화로 쉬즈모는 궁지에 몰렸다. 그는 경제적 어려움을 해결하기 위해 여러 대학에 강의를 나갔고, 친구들에게 손을 벌리기도 했다. '이상'만을 노래하던 그에게 현실의 삶이 찾아온 것이었다. 게다가 그의 문학 또한 개인의 자유를 부르짖으며 잡지 〈현대평론〉과 〈신월〉 등을 펴내며 루쉰이 주도한 '혁명문학'과는 반대 방향으로 나아갔다. 당연히 혁명 세력에게 미운 털이 박힌 인물이 되고 말았다.

이 무렵부터 쉬즈모는 단순한 로맨티스트가 아닌 현실을 직시한 시인으로 변모하기 시작했다. 낭만적 사랑을 추구하는 열정과 희망 대신 좌절을 노래하기 시작한 것이다. 그러나 이 불운한 천재의 후기 작품은 그리 많이 남지 않았다.

● 갑자기 스러져간 비극의 시인

쉬즈모는 첫사랑 린후이인의 건축학 강연에 참석하기 위해 비행기에 올랐다. 린후이인이 그에게 참석해달라는 편지를 보냈기 때문이다. 전날까지도 아내 루샤오만과 크게 다퉜던 그는 돈을 절약하기 위해 우편 수송용 비행기를 무료로 얻어 타고 베이징으로 향했다. 비행기는 비행 도중 산둥성 부근에서 짙은 안개에 휩싸였고, 방향을 잃은 채 산봉우리에 충돌했다. 쉬즈모는 그의 시처럼 한 조각 뜬구름처럼, 한 송이 눈꽃처럼 그렇게 스러져갔다. 그는 이렇게 시인처럼 살다가 시인처럼 떠났다. 1931년 가을 어느 날, 그의 나이 겨우 서른다섯 살이던 때였다.

그의 일생은 사랑으로 상징된다.
사랑은 그의 종교이자 그의 하느님이었다.

철학자 후스가 그를 애도하며 남긴 말이다.
쉬즈모는 평생 진정한 사랑과 자유를 찾아 헤맨 이상적 낭만주의자였다. 타고난 재능과 탁월한 감수성을 지닌 지식인이기도 했던 그는 자유를 추구했으며 행동에도 주저함이 없었다. 변혁의 한가운데에서 사회적 금기를 거침없이 뛰어넘었으며, 온힘을 다해 사랑하고 온힘을 다해 상처 받았다.
쉬즈모는 자신이 추구하던 '이상'이 무너져 내리는 좌절까지도 사랑했던 시인이었다. 시대가 바뀌어 재평가를 받게 된 그는 비록 짧은 생애였지만 시대를 넘어선 진정한 낭만주의자로 우리에게 남아 있다.

쉬즈모의 시
캠브리지 대학교에 있는 쉬즈모의 기념비

○ 사랑을 끝까지 찾을 겁니다.
당신을 얻는다면 나의 행운이요,
잃는다면 그것도 운명이겠죠.

린후이인에게 남긴 글 중에서

○ 나는 모릅니다 바람이
어디에서 불어오는지
꿈속에서,
꿈의 찰랑이는 물결 속에 휘돌아 흐릅니다.
나는 모릅니다 바람이
어디에서 불어오는지
꿈속에서,
그녀의 부드러움에, 도취되었습니다.

〈나는 모릅니다, 바람이 어디에서 불어오는지〉

그대와 나 어두운 밤바다에서 만날 때
그대는 그대의, 나는 나의 갈 길이 있지
그대 나를 기억해도 좋으나
가장 좋은 건 잊는 것이라오
우리 만나 나누었던 찬란함일랑!
〈우연〉

그러나 나는 노래할 수 없네
서러운 이별의 피리소리에
벌레도 목이 메어 노래를 삼킬 때
이 밤 침묵만이 케임브리지를
흘러가네
〈케임브리지를 떠나며〉

린후이인과 쉬즈모

Stendhal

스탕달

프랑스 그르노블 1783 ~ 프랑스 파리 1842

살았고, 썼고, 사랑했던 못생긴 남자

1783년 프랑스 그르노블의 유복한 가정에서 태어났으며, 발자크와 함께 프랑스 근대 소설의 창시자로 불린다. 본명은 마리앙리 벨이다. 어머니를 일찍 여읜 탓에 자신과는 성향이 매우 달랐던 가족과의 불화 속에서 불우한 어린 시절을 보냈다. 16세에 나폴레옹 군에 입대해 17세에 이탈리아 원정에 참가했다. 후에 모스크바 원정에도 참가했지만 나폴레옹이 추방된 이후 군에서 예편했다. 이탈리아 밀라노에 머물면서 본격적인 문필 활동을 시작한 스탕달은 모차르트, 로시니의 음악에 심취했으며 이탈리아 미술을 좋아했다. 각지를 여행하면서 소설·평론·여행기 등을 쓰며, 회화·음악·문학 평론가로도 활동했다. 44세에 처음으로 소설 《아르망스》를 발표했다. 그가 산타크로체 교회를 떠나면서 "심장이 마구 뛰고 생명이 빠져나가는 것 같았으며 걷는 내내 그대로 쓰러질 것 같았다"고 묘사한 기록이 있는데, 이로부터 걸작을 보고 흥분 상태에 빠지거나 호흡 곤란, 현기증 등의 증세를 보이는 것을 후세에 '스탕달 신드롬'이라 부르게 됐다.

스탕달은 생전에 그 가치를 인정받지 못했으나, 19세기 최대의 작가로 손꼽힌다. 스탕달의 탁월함은 그가 작품 속에서 표방했던 처세 철학이 '벨리슴'이라고 따로 명명된 것에서 잘 알 수 있다. 그의 대표 작품인 《적과 흑》은 최초의 사실주의 소설이라 인정받고 있다. 스탕달은 평생 이탈리아를 제2의 고향으로 여겼고, 스스로 '밀라노인'이라 표기했다. 1842년 파리에서 뇌졸중으로 타계했다.

대표작으로는 《적과 흑》《파르마의 수도원》, 에세이 《연애론》, 자서전 《앙리 브륄라르의 생애》 등이 있다.

●못생겼어도 기죽지 않아

 누구나 수긍하고 인정하는 인간 분류법이 있을까? 가장 이상적인 분류법은 또 무엇일까? 인간을 몇 가지 타입으로 구분하려는 시도는 예전부터 있어 왔다. 다혈질이나 담즙질, 점액질이라는 분류법이 있었고 내향적, 외향적이라는 분류법도 있었다. 하지만 결국 우리가 가장 선호하는 분류법은 아마도 '좋아하는 타입'과 '싫어하는 타입'이라는 분류가 아닐까 싶다.

 이 단순하고 명쾌한 분류법을 지금껏 세상에 존재해온 문호들에게 적용해보면, 《적과 흑》의 작가 스탕달은 대부분의 사람들이 좋아하는 타입에 속할 것이다.

 사람들이 스탕달을 좋아하는 이유에는 여러 가지가 있겠으나, 첫 번째로 얘기하고 싶은 것은 그가 그리 미남이 아니었다는 점이다. 아니 정확히 말하면 추남에 가까웠다. 잘생긴 얼굴로 태어나지 못한 대부분의 남자들은 여자들에게 인기가 많은 잘생긴 남자에게 본능적으로 반감을 가지는 법이다. 반대로 그리 잘생기지 않은 남자에게는 공감과 호감을 느낀다. 스탕달의 초상화를 보면 그렇게 추남은 아닌 것 같다. 하지만 초상화는 본래 얼굴보다 조금 더 잘생기게 그리지 않나. 실제로 스탕달 본인과 주변인들은 모두 스탕달이 못생겼다는 것을 확실하게 인정하고 있다. 프랑스의 동남부, 이탈리아와 가까운 그르노블에서 태어난 스탕달이 처음 파리로 가게 됐을 때, 온갖 미녀들을 쥐락펴락하며 플레이보이로 유명했던 숙부는 이렇게 조언했다.

"너는 머리가 좋은 것 같지만, 그런 건 아무짝에도 쓸모가 없어. 출세를 하려면 여자가 필요해. 너는 얼굴이 별로지만, 얼굴 같은 것은 남들도 이러쿵저러쿵 뭐라 할 처지가 못 돼. 너에게는 개성이 있긴 하지만, 여자가 도망갈지도 몰라. 그러니 이것만큼은 절대 잊지 마라. 여자가 도망가는 것처럼 비웃음을 사기 쉬운 건 없어. 여자가 도망가면 24시간 내에 다른 여자를 후려야 해. 알겠니? 괜찮은 여자가 없으면 몸종이라도 후려야 해."

숙부에게 이런 말을 들었을 때 스탕달의 나이 겨우 열여섯이었다. 스탕달은 자신의 못난 얼굴에도 기죽지 않고, 숙부가 해준 충고를 평생 가슴에 품고 살았다.

●촌놈, 여자를 유혹하다

스탕달에게 호감을 가지게 되는 두 번째 이유는 촌놈이라는 점이다. 사실 스탕달은 대도시인 파리에 좀처럼 정을 붙이지 못했다. 어릴 때부터 신동이라 불렸던 스탕달은 특히 수학에서 두각을 나타냈다. 스탕달은 에콜 폴리테크니크(이공과대학)의 입학시험을 치르기 위해 파리로 올라왔다. 하지만 금세 파리가 싫어졌다. 산으로 둘러싸인 고향 그르노블과는 완전히 다른 삭막한 파리의 풍경 때문이었다. 매일 산을 바라보며 생활했던 스탕달은 파리에는 산이 없다는 것에 대단히 실망했다. 이런 이유로 깊은 혐오감까지 품게 됐다고 후에 기술할 정도였다. 게다가 파리의 음식도 입에 맞지 않았다. 그는 결국 병에 걸려 머리카락이 모두 빠지고 말았다. 다행히도 머리카락은 다시 자라났으나, 파리의 사교회장에 얼굴을 내밀어도 서툴고 뒤처진 자신의 모습만 발견할 뿐이었다. 결국 파리를 싫어하게 된 그는 입학시험을 치를 기력마저 잃고 말았다.

스탕달의 꿈은 프랑스의 고전 극작가인 몰리에르처럼 희곡을 쓰며 파리에서 생활하는 것이었다. 하지만 모든 것이 무너지고 나자, "대체 이 지상의 어디에 행복이 있을까?" 하고 자문한다.

이렇듯 젊은 시절의 스탕달은 대도시 파리에 적응하지 못한 촌놈에 불과했다. 하지만 그는 고향을 떠날 때 숙부가 해주었던 말을 결코 잊지 않았다. 스탕달 본인이 자서전에서 밝힌 것처럼, 그는 파리에 도착했을 때 "여자를 유혹하는 남자가 되겠다는 확실한 계획"을 가지고 있었던 것이다.

스탕달이 이 계획을 실행에 옮긴 것은 육군에 입대한 뒤 나폴레옹의 이탈리아 원정에 가담해 밀라노에 갔을 때부터였다. 밀라노를 지구상에서 가장 아름다운 곳으로 생각하던 스탕달은, 17세의 나이에 처음 그곳에서 이성과의 교제를 시작하게 됐다.

이렇게 스탕달의 여성 편력이 시작되자 그의 촌스러움도 점차 사라졌고, 후에는 백작부인 등을 상대하는 멋쟁이로 발전했다.

● **유일한 업무, 연애**

"연애는 나의 여러 업무 중 가장 커다란, 아니 유일한 업무였다"고 스탕달은 말했다. 그는 그 '업무'의 성과를 일기에 상세히 기록했다. 그 일기에는 "오전 11시 반, 드디어 그녀를 정복"이라든지, "아름다운 허벅지, 멍청한 머리" 같은 문장이 적혀 있었다.

평생을 독신으로 지냈던 스탕달이지만, 평생 사랑해온 여성이 모두 열한 명이었다. 스쳐지나간 여성들까지 합치면 그의 '업무'는 상당히 방대한 것이었음에 틀림없다.

여성을 대하는 행동이나 그 방식으로 남자를 분류하자면 '돈 후안 계열'과 '베르테르 계열'로 나눌 수 있다. 여성을 차례차례 정복해가며 그 수가 많은 것을 자랑하는 것이 돈 후안 계열이라면, 이상형인 단 한 명의 여성에게 일편단심으로 애정을 쏟아내는 것이 베르테르 계열이라 할 수 있다.

스탕달은 돈 후안 계열에 속한다고 볼 수 있다. 이런 부분에 있어서만큼은 스탕달에게 호감을 느끼기가 어렵다. 자기 눈에 닿는 모든 여성을 전부 유혹하던 돈 후안은 남자들에게 있어서 대단히 달갑지 않은 존재이기 때문이다. 자신은 어떻든지 간에, 모든 남자들이 한 사람의 여성에게 충성을 맹세하는 베르테르이길 바라는 것이야말로 대부분의 남자들이 바라는 일일 것이다.

이런 이유로 돈 후안 계열의 남자는 같은 남자들에게서 좀처럼 호감을 얻지 못한다. 그러나 스탕달을 면밀히 살펴보면 베르테르 같은 일면도 가지고 있었다는 것을 알 수 있다.

돈 후안 계열의 남자는 여성에게 진심으로 반하는 일이 없으나, 스탕달은 그런 점에서 서툴렀다. 그는 여성에게 가벼운 연애 감정을 느끼기보다는 진심으로 반하곤 했던 것이다. 그의 작품 《적과 흑》에는 사랑하는 여성과 산책하던 줄리앙 소렐이 "나무 있는 곳까지 갔을 때도 내 진심을 밝히지 못한다면 나는 권총으로 머리를 쏘고 죽을 수밖에 없다"며 비통한 마음으로 고백하는 장면이 나온다. 이와 같은 일을 스탕달은 몇 번이고 경험했다고 한다. 플레이보이인 숙부가 돈 후안처럼 살아갈 것을 가르쳐주었지만, 그것을 철저하게 실행에 옮기지는 못한 셈이다.

● **살았다. 썼다. 사랑했다.**

"사랑을 하면 나는 내 앞에 무한의 행복이 존재하는 것처럼 느낀다"고 스탕달은 자신의 작품 《연애론》에 쓴 바 있다. 그는 여성에게 금세 열중했고 낙천적인 시선으로 앞으로의 미래를 바라보는 사람이었다. "나는 늘 감동하는 사람이다"라고 말했던 그는, "정열만큼 흥미 있는 것은 없다"고 생각했다.

스탕달이 자신의 그런 정열을 오롯이 쏟아부은 여성 중에 '마틸드 덴보스키 부인'이라는 밀라노 사교계의 스타가 있었다. 35세의 나이로 28세의 마틸드를 만난 스탕달은 그 만남을 생애 최대의 사건으로 여겼으며, 마틸드를 이상적인 여성이라고 생각했다. 그런데 제법 돈 후안처럼 살아왔으면서도 스탕달은 막상 마틸드에게는 자신의 마음을 고백하지 못했다. 그는 결국 돈 후안이 아닌 베르테르를 연기하는 것으로 만족해야 했다.

마틸드라는 이상형을 만나기 전, 스탕달은 안젤라라는 밀라노 여성에게 마음을 빼앗긴 적이 있었다. 처음 만났을 때부터 무려 11년간, 그는 안젤라를 열렬히 사모하며 초지일관의 자세를 보였다. 하지만 사실 안젤라는 여러 명의 남성들을 자기 뜻대로 부리던 바람기 많은 여자였다. 그러던 어느 날, 안젤라에게 너무나 열중하는 스탕달의 모습에 동정심을 느낀 하녀가 안젤라가 바람을 피우는 현장을 보여줬다. 그제야 스탕달은 겨우 현실에 눈을 뜨게 되었다. "사랑이 피어나는 데에는 아주 작은 희망만 있으면 된다"고 했던 스탕달의 말이 떠오르는 대목이다. 그는 그 '아주 작은 희망'에 평생을 바치고 키워나가려 했던 대단히 외골수적인 열정가였던 것이다.

나폴레옹과 함께 모스크바까지 원정을 나간 스탕달은, 나폴레옹이 몰락하자 방랑의 길을 택했다. 로마 근처에 있는 프랑스령의 작은 항구에서 직장을 얻은 것은 쉰이 가까운 나이가 됐을 때였다. 《적과 흑》이나 《파르마의 수도원》 등의 소설은 그가 살아 있는 동안에는 거의 평가받지 못했다. 결국 스탕달은 무명의 외교관으로서 생을 마감했다.

그러나 100년 후의 독자들에게 기대한다고 했던 스탕달의 말처럼 지금 스탕달은 세계문학에서 빼놓을 수 없는 작가가 됐다. 그러니 그의 그런 기대는 충족된 셈이 아닐까.

"살았다. 썼다. 사랑했다."는 스탕달이 자신의 묘비에 새기도록 했던 묘비명이다. 그의 생애를 요약하는 명언이 아닐 수 없다.

○ 사랑에는
한 가지 법칙밖에
없다. 그것은
사랑하는 사람을
행복하게 만드는
것이다.

○ **누군가를 진심으로
정말 사랑하는 것은
단 한 번밖에 없다.
그것은 바로
첫사랑이다.**

○ 인간은
언어에 의해서만
인간이다.

○ 여자와 사이좋게 지내는
가장 좋은 방법은
그 여자의 일에
절대 간섭하지 않는 것이다.

○ **연애는 나의 여러 업무 중
가장 커다란, 아니 유일한 업무였다.**

○ 마음을 맑고 깨끗하게 하여
모든 증오의 감정을 멀리하면
젊음은 오래 보존할 수 있다.

○ 인간에게 말이 주어진 이유는
생각을 숨기기 위해서다.
《적과 흑》

○ 나는 진실을 사랑했어.
그런데 그 진실이란
대체 어디 있는 걸까?
사방을 돌아봐도
위선뿐인데.
《적과 흑》

스탕달의 무덤, 몽마르트 묘지

Oscar Wilde

오스카 와일드
아일랜드 더블린 1854 ~ 프랑스 파리 1900

'전설'이라 불리는 사나이

1854년 아일랜드 더블린에서 유명한 안과의사였던 아버지와 시인인 어머니 사이에서 태어난. 19세기 말 유미주의를 대표하는 아일랜드의 극작가이자 소설가, 시인이다. 더블린의 트리니티 칼리지를 거쳐 옥스퍼드대학교에 입학했다. 재학 시절 이탈리아의 라벤나를 여행하며 지은 시 〈라벤나〉로 뉴디게이트상을 받으며 문학적 재능을 일찍 인정받았다. 또 그 무렵 월터 페이터의 《르네상스》를 읽고 큰 영향을 받아 '예술을 위한 예술'을 표어로 하는 '유미주의' 운동의 기수가 됐다. 대학을 졸업한 후 본격적인 작가 생활을 시작했다.

스물여섯 살에 첫 희곡 〈베라, 혹은 허무주의지〉를, 스물일곱 살에 첫 시집 《시집》을 출간했다. 1981년 발표한 장편소설 《도리안 그레이의 초상》으로 문학적 명성을 얻었다. 그 후로 동화집 《석류나무집》, 중편소설집 《아서 새빌 경의 범죄》, 예술론집 《의향》 등을 발표했다. 한편 〈윈더미어 경 부인의 부채〉 〈살로메〉 〈진지함의 중요성〉 등 당시의 세태를 풍자한 희극이 크게 호평을 받으며 19세기를 대표하는 극작가로 명성을 떨쳤다.

작가로서의 명성과 막대한 부, 그리고 두 아이의 아버지로서 안정적인 가정생활을 영위하던 와일드는 미성년자와 동성애에 빠지면서 인생의 내리막길을 걷기 시작했다. 결국 그는 재판에서 유죄 판결을 받고 2년 동안 레딩 교도소에 수감됐다. 소송 비용까지 부담하게 되면서 경제적으로도 파산한 그는 작가로서의 명성과 돈, 사랑을 모두 잃었다. 출옥 후 영국에서 영구 추방되어 파리에서 빈궁하게 살다가 1900년 한 호텔에서 뇌수막염으로 타계했다.

대표작으로 동화집 《행복한 왕자와 그 밖의 이야기들》, 소설 《도리언 그레이의 초상》 〈윈더미어 경 부인의 부채〉 등이 있다.

●이단아라 불리는 '전설'

우리는 어떤 분야에서 엄청난 업적을 쌓거나 명성을 얻은 사람이 살아 있을 때 흔히 '살아 있는 전설'이라 부른다. 전설이란 곧 세상을 떠난 이의 업적을 기려 회자되는 말이기 때문에 '전설' 앞에 '살아 있는'을 붙이는 것이다. '전설'로 남았다는 말은 보통은 그가 죽어서 남긴 것들을 일컫는다.

여기 한 편의 영화보다 더 극적인 삶을 살며 전설이 된 인물이 있다. 바로 19세기 빅토리아 시대의 이단아, 오스카 와일드다. 그 앞에 '이단아'를 붙여야 비로소 어울리는 이가 와일드일 것이다.

와일드는 태어날 때부터 '엄친아'였다. 그의 아버지 윌리엄 와일드는 부유한 안과의사로 무료 진료를 실천하는 박애주의자였다. 그뿐만 아니라 고고학과 아일랜드 전통에 대한 책을 저술하는 등 작가로서의 면모도 상당했다. 그의 어머니 제인 프란체스카 엘지 또한 성공한 작가이자 아일랜드 민속학자였다. 매주 토요일에는 여러 지식인과 예술가들을 집으로 초대해 살롱을 개최했다. 이런 가정환경은 와일드에게 자연스럽게 예술과 문학, 지식에 대한 탐구 정신을 심어줬다.

와일드는 아홉 살까지 학교를 다니지 않고 가정에서 교육을 받았다. 학교에 들어가서도 총명한 머리와 고전에 대한 탁월한 지식을 갖춘 덕분에 태만한 성격에도 늘 좋은 성적을 유지했다.

와일드는 장학금을 받으며 옥스퍼드대학교에 입학하자마자 바로 아일랜드 말투를 버리고 '영국풍 댄디'로 다시 태어났다.

190센티미터가 넘는 큰 키와 치렁치렁한 머리카락을 휘날리며 사교계를 드나들었다. 그의 화려한 차림새는 어디를 가나 튀었고, 가는 곳마다 놀람과 경탄, 비웃음과 혐오가 뒤섞인 반응을 불러일으켰다.

● 부와 명예를 거머쥔 유명 인사

와일드는 언제나 논란의 중심이었다. 그리고 스스로를 특별하다 여긴 와일드는 이런 논란을 즐기며 만족해했다. 급기야 자신의 전공과는 상관없는 존 러스킨과 월터 페이터의 예술 강의를 들으며 그들의 미학에 깊이 빠진 이후, 그의 행보는 더욱 요란해졌다. 그는 '유미주의'에 심취돼 "예술을 위한 예술" "예술은 오직 아름다움만을 위해 존재하는 것" "아름다움이야말로 세상 가장 지고한 가치"라 주장했다. 나아가 자기 자신의 존재 또한 아름다움을 표현하는 도구로 사용하는 데 주저함이 없었다.

와일드가 단순히 화려한 외관으로만 사람들의 시선을 사로잡은 건 아니었다. 그는 옥스퍼드대학교 재학 시절 이탈리아를 여행하며 쓴 시 〈라벤나〉로 뉴디게이트상을 받을 정도로 문단의 인정을 받았다. 졸업한 후에는 독일과 프랑스, 미국 등지로 순회강연을 다니며 미학을 널리 알렸다. 그야말로 국제적 유명 인사가 된 것이다.

영국으로 돌아온 와일드는 한 번 더 세간의 이목을 집중시켰는데, 부유한 변호사의 딸 콘스턴스 로이드와 결혼한 것이다. 급진적이고 야심에 찬 이 커플은 자신들에게 쏠리는 뭇사람들의 관심을 이용할 줄 알았다. 아주 총명한 젊은이들이 아닐 수 없었다.

와일드는 잡지 〈우먼스 월드〉 편집장으로 일하며 변화의 급류가 휘몰아치던 빅토리아 시대 신여성의 발언대 역할을 했다. 또한 문학, 예술, 사회 등 여러 방면에 걸쳐 많은 글을 써내려갔다. 그러한 일련의 작업 뒤에는 진보적인 아내 콘스턴스의 조언이 있었다.

동화집 《행복한 왕자와 그 밖의 이야기들》이 호평을 받았고, 잡지에 발표한 《도리언 그레이의 초상》이 큰 화제를 불러일으켰다. 부부 사이에 두 아이도 태어났다. 이제 정말로 와일드의 삶은 부와 명예, 사랑과 세간의 인정을 모두 거머쥔 말 그대로 '전설'이 되어 가고 있었다.

● **금지된 사랑**

결혼한 지 7년이 되던 그해, 와일드는 《도리안 그레이의 초상》을 책으로 엮어 출간했고, 동화집 《석류나무집》, 중편소설집 《아서 새빌 경의 범죄》, 예술론집 《의향》을 발표했다. 또 뉴욕에서는 그의 희곡이 무대에 올랐고, 그 이듬해에는 대표작인 〈윈더미어 경 부인의 부채〉가 큰 성공을 거뒀다. 명성뿐 아니라 막대한 수입도 자연스레 따라왔다.

그러나 와일드의 왕성한 창작욕에 불을 지핀 건 안정된 생활이나 세간의 관심, 총명한 아내가 아니었다. 그에게 사랑의 찬가를 쏟아내게 한 사람은 퀸스베리 후작의 철없는 대학생 아들 알프레드 더글러스였다. 와일드보다 열여섯 살 아래였던 이 젊은이는 빼어난 용모와 돌발적인 성격으로 와일드를 사로잡았다.

당시에는 동성애가 처벌의 대상이었음에도 두 사람은 아랑곳하지 않았다. 호텔을 함께 드나들고 공공장소에서 애정 행각을 벌였다. 와일드는 자신이 법의 테두리 안에 갇힐 사람이 아니며 특별한 취급을 받아야 하는 존재라 믿었고, 더글러스는 완고한 아버지에 대한 반항으로 추문을 이용하고자 했다.

두 사람의 관계는 자주 삐걱거렸지만 그만큼 더욱 질기게 이어졌다. 와일드가 이별을 통보하면 더글러스는 자살하겠다고 협박했고, 와일드는 금세 마음을 돌려 그에게 돌아갈 수밖에 없었다. 이런 불꽃같은 사랑은 와일드의 예술혼을 흔들어 깨웠다. 어찌 보면 더글러스는 와일드의 문학 인생에 황금기를 가져다준 뮤즈였다.

와일드는 아름다움만이 가장 고결한 가치라고 믿었으므로 자신의 치정 또한 그것을 추구하는 과정으로 여겼다. 아마도 그들의 관계가 다른 식으로 끝났다면 그의 바람이 이루어졌을지도 모른다. 하지만 4년 동안 이어진 관계는 아름다움과는 전혀 다른 형태로 끝을 맞이했다. 그것도 두 사람의 의지와는 전혀 상관없는 형태로.

더글러스의 아버지 퀸스베리 후작은 괄괄하고 난폭한 성격의 사람이었다. 게다가 장남이 동성애 상대에게 버림받고 자살한 터라 막내아들 더글러스의 반항과 객기를 더 참아주기 어려웠다.

퀸스베리 후작은 '남색가를 자처하는 오스카 와일드에게'라는 편지를 와일드에게 보냈고, 몇 달에 걸친 비난과 공격에 열이 받은 와일드는 그를 명예훼손으로 고소했다.

재판이 시작되자 퀸스베리 후작에게 매수된 어린 소년들이 와일드의 피해자라며 증언했다. 더 나아가 와일드가 더글러스에게 보낸 편지와 와일드의 작품 속 대사들까지 샅샅이 파헤쳐져 그가 남색가임을 증명하는 도구로 사용됐다. 결국 와일드는 남성과 외설 행위를 했다는 죄목으로 2년의 구금 및 강제 노역형에 처해졌다. 엎친 데 덮친 격으로 퀸스베리 후작의 재판 비용을 지불하라는 명령까지 받아 재산을 모두 경매로 잃고 말았다.

● 날개를 달고 추락한 전설

좌중을 휘어잡던 희대의 댄디, 와일드의 명성은 한순간에 땅속 깊이 추락했다. 위트 넘치는 말솜씨와 화려한 옷차림, 자신만만한 태도는 바람과 함께 사라졌고, 그에게 남은 것은 수인번호뿐이었다.

와일드의 책은 더 이상 서점에서 찾아볼 수 없었으며 런던의 극장에 위풍당당하게 걸려 있던 그의 이름 또한 모습을 감추었다. 진실했던 몇몇 친구를 제외하고는 모두 그에게서 등을 돌렸다. 아내 콘스턴스는 아이들을 데리고 영국을 떠나버렸고, 와일드라는 성 대신 처녀 시절의 성인 홀랜드를 쓰기 시작했다. 와일드는 사랑하는 아이들을 죽을 때까지 다시는 보지 못했다.

고된 노동과 형벌보다 와일드를 더욱 괴롭혔던 것은 모든 문화가 차단된 상황이었다. 와일드는 수감된 이후 14개월 동안 책을 읽지 못했으며 글쓰기 또한 금지 당했다. 새로 부임한 교도소장이 펜과 종이를 허락해주었으나 그 분량은 매일 한 페이지로 제한됐다. 그나마 다 쓴 글을 다시 읽거나 고치게 허락해주지 않았다.

와일드는 단 한 장의 종이 위에 매일 더글러스를 향한 글을 썼다. 처음에는 자신을 이용했을 뿐인 더글러스를 향한 원망과 비난 일색이었지만, 나중엔 자신의 치욕스러운 상황을 예술적 삶의 한 요소로 받아들이고자 했다.

와일드는 비난과 원망을 토해낸 이후에는 자아를 향한 깊은 고찰에 빠졌다. 그리고 여전히 변치 않는 더글러스를 향한 절절한 사랑을 토해냈다. 모든 영광이 사라진 후 남은 것은 오스카 와일드라는 인간의 사랑과 존엄성이었다.

출옥 후 영국에서 영구 추방된 와일드는 프랑스에서 빈궁하게 살다가 한 호텔에서 쓸쓸히 사망했다. 출옥 이후 숨을 거둘 때까지 그는 이전과 같은 글을 쓰지 못했다. (자신의 수인번호로 발표한 《레딩 감옥의 노래》가 그의 마지막 작품이다.) 그가 남기고자 했던 '화려한 전설'은 진실된 마음으로 아름다움을 부르짖을 수 있었을 때 만들어진 셈이다.

와일드의 삶은 비록 비참한 끝났지만 그가 주장했던 '지고한 아름다움'은 아직까지도 '전설'로 남아 있다. 그의 묘비에 키스를 남기는 많은 팬들의 사랑을 보면 그것을 알 수 있다.

◦ 경험이란 모든 사람이
자신의 실수에 붙이는 이름이다.
《도리언 그레이의 초상》

◦ **시대를 움직이는 것은
원칙들이 아니라
사람들의 다양한 개성이다.**

◦ 청춘은 하나의 예술이다.

◦ 세상에서 살아가는 것은 매우 드문 일이다.
대부분의 사람들은 그냥 존재만 할 뿐이다.

◦ 항상 당신의 적을 용서하라.
그것만큼
적을 괴롭힐 수 있는 것은
아무것도 없다.

키스 자국으로 가득한 오스카 와일드의 묘지

> 도덕적인 책 또는
> 비도덕적인 책이란 없다.
> 책은 잘 썼든지 못 썼든지
> 둘 중 하나다.
>
> 《도리언 그레이의 초상》

오스카 와일드와 알프레드 더글러스, 1893

> 문학과 저널리즘의 차이는 무엇인가?
> 저널리즘은 읽을 가치가 없고,
> 문학은 읽는 사람이 없다.

> 삶은 복잡하지 않다.
> 우리가 복잡한 것이다.
> 삶은 단순하다.
> 그리고 단순한 것이 옳은 것이다.

> 청춘이란,
> 우리가 지니고
> 있을 만한 것 중
> 가치가 있는
> 단 하나의 것
>
> 《도리언 그레이의 초상》

> 난 네 입술에 키스했지. 네 입술에 키스했지.
> 그것은 쓴 맛. 아니, 피의 맛이던가?
> 아니, 그것은 사랑의 맛이었다.
>
> 《살로메》

Virginia Woolf

버지니아 울프
영국 런던 1882 ~ 영국 루이스 1941

여성이여, 깨어나라!

1882년 영국 런던에서 문학비평가 레슬리 스티븐의 셋째 딸로 태어난, 20세기 모더니즘 문학을 대표하는 영국의 비평가이자 소설가다. 지적이지만 억압적이고 우울한 집안 분위기 속에서 자랐고, 학교를 다니는 대신 아버지의 서재에서 책을 읽으며 작가의 꿈을 키웠다. 열세 살이었던 1895년 어머니가 사망한 후 정신이상 증세를 보이기 시작했다. 1904년 아버지마저 사망하면서 두 번째 정신이상 증세를 보이고 투신자살을 기도했다. 그 후 런던의 블룸즈버리로 이사했는데, 이 무렵 케임브리지대학교에 재학 중이던 친오빠 토비가 자신의 친구들을 집에 데려오면서 젊은 지식인들의 모임인 '블룸즈버리 클럽'이 결성됐다. 화가 덩컨 그랜트, 경제학자 존 메이너드 케인스, 정치평론가 레너드 울프 등과 교류하며 미학적·철학적 문제들을 토론했다. 1905년부터 〈타임스 문예 부록〉 등에 문예비평을 쓰기 시작했다. 1912년 레너드 울프와 결혼했으며 1917년부터 함께 출판사를 설립해 운영했다.

1915년 첫 작품 《출항》을, 1919년에는 《밤과 낮》을 발표했다. 1925년 발표한 《댈러웨이 부인》으로 큰 인기를 끌었다. 자신의 강연을 바탕으로 한 《자기만의 방》《3기니》 등의 에세이를 발표해서 여성의 사회적 지위에 대한 성찰과 각성을 촉구하는 한편, 평화주의자로서 전쟁에 반대하는 입장을 표명했다. 1941년 우즈강에 투신해 삶을 마감했다.

대표작으로 《댈러웨이 부인》《등대로》《올란도》《자기만의 방》《세월》 등이 있다.

●독립된 여성으로서의 '나'를 찾아서

우리는 이따금 홀로 지새는 밤에 사무치는 외로움을 느끼면서도 타인과 함께하는 공간에 지긋지긋함을 느끼곤 한다. 인간은 사회적 동물로 타인과 끊임없이 관계를 맺어가며 살아가는 존재이지만, 동시에 타인과는 구분된 '자아'를 인식하는 독립된 주체이기 때문이다.

친구들과 함께 떠나는 여행을 계획하면서 혼자 여행하는 낭만에 취하기도 하고, 결혼을 하고 가정을 일구는 기쁨을 맛보면서 아무도 나를 찾지 않는 곳에서 잠시라도 머물고 싶다는 욕구를 느끼기도 한다. 누군가와 '함께하는 집' 속에서 '자신만의 방'이 필요한 까닭이다. 그런 본성을 욕망할 권리가 남성뿐만 아니라 여성에게도 동등하게 주어져야 한다고 주장한 작가가 있었다. 바로 20세기의 대표적인 모더니스트 버지니아 울프다.

울프가 태어나 어른이 되기까지, 빅토리아 시대의 여성에게는 아직 참정권이 보장되지 않았다. 서른 살 이상의 여성에게 참정권이 부여된 것은 울프가 서른여섯 살이던 1918년이었으며, 영국이 스물한 살 이상의 여성들에게까지 온전히 그 권리를 인정한 것은 그로부터 10년이 지난 1928년이었다.

철저하게 가부장적인 사회 속에서 남성보다 열등하다는 인식을 주입받고 살아온 여성은 자신의 가능성이 아예 차단되고 봉쇄되기 마련이다. 울프는 그런 인식에서 벗어나 자신만의 목소리를 내자고 주장했다.

울프가 여성들로 하여금 남성에 종속된 존재가 아닌 독립된 '나'라는 것을 깨달아야 한다고 외친 것은 그녀가 급진적인 선동가나 사상가였기 때문이라기보다는 그녀가 '작가'였기 때문일 것이다. 그녀는 의붓오빠들로부터 받은 성폭력과 부모의 죽음에 의한 고뇌, 평생을 괴롭혀온 조울증을 다름 아닌 글쓰기를 통해 극복하고자 애썼다. 치열하게 글을 쓰며 '자신만의 언어'에 온전한 자기 자신을 담으려 노력했던 그녀였기 때문에, 그 무엇보다 '자신만의 방'의 중요성을 일찍부터 깨달은 것이 아니었을까.

● 순수가 파괴되고 남은 자리

울프는 가정의 화목을 최고의 미덕으로 여겼던 빅토리아 시대에 태어났다. 재혼으로 만난 울프의 부모는 총 여덟 남매를 두었고, 거기에 하인들까지 더해져 그녀의 집은 늘 사람으로 북적였다. 울프의 어머니는 대식구를 챙기면서 간호사라는 자신의 직업을 천명으로 여기는 강인한 사람이었다. 아버지는 당대의 유명한 지식인으로 자신의 서재에서 연구와 집필에 몰두하며 불안과 불편한 심기를 가족에게 감추지 않던 가부장적인 사람이었다. 두 사람은 어린 울프에게 다양한 방면의 교육을 시켜주었지만 그것이 결코 학교를 대신할 수는 없었다. 여자아이를 학교에 보내지 않는 당시의 사회 분위기 때문에 울프는 주로 방대한 장서로 가득한 아버지의 서재에서 시간을 보내며 다양한 종류의 책과 글쓰기에 빠져들게 됐다. 그녀는 매년 8월부터 10월까지 가족들이 여름휴가를 떠났던 별장에서 "상상할 수 있는 가장 순수한 형태의 환희"를 느끼기도 했다. 어린 소녀였던 울프는 섬세한 감수성과 함께 작가가 되고자 하는 확고한 목표를 가지고 자라났다.

그러나 삶은 비상한 머리와 예민한 감성을 지닌 그녀를 어린 시절의 순수함에 머물러 있게 두지 않았다. 13세에 어머니가 세상을 떠나고 뒤이은 언니의 죽음과 의붓오빠들의 성적 학대는 그녀의 육체와 정신에 큰 상처를 남겼다. 이때 발병한 정신질환은 아버지의 죽음으로 더욱 심해졌고, 울프는 자살을 시도하기에 이르렀다.

● 글쓰기를 통한 일어서기

3개월 동안 병석에서 지내야 했던 울프를 다시금 일어서게 한 것은 바로 '글쓰기'였다. 그녀는 아버지의 전기를 작성하겠다는 역사가를 돕기 위해 수백 통에 이르는 가족들의 편지를 읽고 필사하면서 자신의 경험과 기억을 자신의 언어로 다시금 표현하는 방법을 익혔다. 또한 울프는 부모님의 집에서 블룸즈버리로 이사를 하면서 자신의 우울한 과거를 재구성하고 미래를 꿈꾸기 시작했다. 친오빠 토비가 새 집으로 자신의 케임브리지대학교 동문들을 데리고 와 젊은 지성인들의 토론이 활발히 벌어지자 울프의 삶은 더욱 확대되고 풍부해졌다.

'블룸즈버리 클럽'에는 작가, 비평가, 화가, 경제학자 등 다양한 분야의 젊은 지성인들이 참여했다. 울프는 이들의 도움으로

1905년부터 〈타임스 문예 부록〉 등에 문예비평을 쓰기 시작했고, 곁에 머물며 그녀의 일생을 지탱해준 남편 레너드 울프도 이 모임에서 만나게 됐다. 1912년, 두 사람은 깊은 신뢰를 바탕으로 부부의 연을 맺었다. 어릴 때의 트라우마 때문에 남성과의 성적인 행위를 꺼려하던 그녀를 레너드 울프는 충분히 이해해주었다. 함께 작업하고 대화하는 자유로운 결혼생활 덕분에 그녀의 글쓰기는 더욱 깊이를 더해가며 발전할 수 있었다.

1915년에 첫 작품《출항》을 발표한 울프는 이후 1919년에는《밤과 낮》을, 1922년에는《제이콥의 방》을 발표했다. 그 사이 1917년에는 인쇄기를 마련해서 울프 부부는 '호가스 출판사'라는 자신들의 출판사를 차려 꾸준히 책을 출간하기 시작했다. 세상은 제1차 세계대전의 한가운데서 앞을 예상할 수 없는 상황으로 치닫고 있었지만, 출판의 자유를 얻은 울프는 마음껏 글을 쓰고 마음껏 자신의 작품을 세상에 알릴 수 있게 된 듯 보였다. 그러나 전쟁은 밖이 아니라 그녀 안에서도 벌어지고 있었다.

●다른 누구도 아닌 자기 자신이 되는 것

첫 소설《출항》을 출간하기 위해 원고를 보냈던 출판사의 발행인이 바로 어릴 때부터 울프의 몸을 함부로 만져댔던 의붓오빠 제럴드였다는 사실은 울프의 마음속 전쟁을 더욱 격렬하게 바꾸어놓았다. 결혼을 한 지 1년이 됐을 무렵부터 시작된 정신이상 증세는 음독자살 시도와 입원으로 이어졌다. 이대로 무너질 것만 같았던 울프는 남편의 극진한 간호 덕분에 《출항》을 출간하고 조금씩 차도를 보였다. 울프는 병석에서 하루에 한 시간씩, 정해진 시간에만 글을 썼다. 마음과 글쓰기의 재활 훈련이 시작된 셈이었다.

그렇게 자신이 속한 세상 속에서 자신의 언어로 생각을 드러내고자 했던 울프는 어릴 때부터 여성이기 때문에 겪어야 했던 차별과 자기 내면의 아픔에 더욱 집중하기 시작했다. 그녀의 그런 고민은 그녀 자신뿐만 아니라 20세기를 맞이한 모든 여성에게 주어진 한계, 즉 사회적 제약과 상대적인 빈곤에 대한 고민으로 이어졌다. 울프는 자신이 글쓰기를 통해 좌절을 이겨낼 수 있었던 것처럼, 여성이 끊임없이 생각하고 읽고 쓰고 자신의 의견을 말해야 한다고 생각했다. 그런 울프의 생각이 가장 확실하게 드러난 것이 대표적 작품 《자기만의 방》이다.

이 책을 페미니즘 비평서로 이해하고, 사회의 비주류일 수밖에 없었던 여성들에게 남성과 마찬가지로 고등교육과 전문직 진출의 기회를 주어야 한다는 '여성해방운동'의 저서로만 이해하는 사람이 많다. 그러나 이 책에서 울프가 추구하는 것은 남성과 여성의 대립과 갈등의 조장이 아니다. 남성성과 여성성이 융합된 상태, 즉 여성 안의 남성성과 남성 안의 여성성을 억압하지 않은 '자기 자신'을 글쓰기를 통해 찾아야 하며, 그러기 위해서는 지금까지 그런 기회가 주어지지 않은 여성들에게 독립할 수 있는 기본적인 조건인 '자기만의 방'이 주어져야 한다는 것이다.

●지금 할 수 있는 최선의 일

있는 그대로의 자신으로 남고 싶었던 울프는 1941년 겨울, 소설 《막간》을 마무리하면서 작품을 완성할 때마다 느끼던 우울증에 다시 잠식되기 시작했다. 게다가 전쟁이 주는 공포는 그녀에게 매일 더 큰 압박감을 주었다. 더 이상 자신의 광기를 억누를 수 없다고 느낀 울프는 결국 1941년 3월 28일 남편에게 편지를 남기고 자신의 코트에 돌멩이를 가득 담은 채 우즈강에 투신하고 말았다.

울프의 자살을 이기적이라고 생각하는 사람들도 있고, 종교적인 측면에서 옳지 못한 행동이라 비난하는 사람들도 있다. 또 물심양면으로 보살펴준 남편에 대한 배신행위라 말하는 사람들도 있다. 하지만 울프의 유서는 그런 비난들이 그릇된 것임을 일러준다.

내가 다시 미쳐가고 있다는 것을 확실하게 느껴. 그 끔찍했던 시간이 되풀이되면 우리는 견뎌내지 못할 거야. 나는 이번에는 회복하지 못할 거야. 그래서 나는 내가 지금 할 수 있는 최선의 일을 하려고 해.

울프의 마지막 선택이 평생 고통에 시달려온 그녀에게 부디 안식을 주었기를 바랄 뿐이다.

○ 역사에 걸쳐 여성은
익명의 존재였다.

○ **여성은 자기만의 재산과
방해받지 않고 창작할 수 있는
'자기만의 방'이 있어야 한다.**

○ 서두를 필요는 없다.
반짝일 필요도 없다.
자기 자신 외에는
아무도 될 필요가 없다.

○ 당신이 당신 자신에게
진실을 말하지 않는다면,
다른 사람에게
그것을 말할 수 없다.

레너드 울프와 버지니아 울프

○ **때로 나는 지치지 않고
계속해서 책을 읽는 것에
천국이 있지 않나 생각한다.**

버지니아 울프

언니 버네사 벨이 그린 버지니아 울프

○ **인생이 어떤 토대 위에 서 있다면,
인생이 우리가 계속 채워가는 그릇이라면,
그렇다면 내 그릇은
의심할 바 없이 기억 위에 서 있다.**

버지니아 울프 회고록 중에서

○ 셰익스피어 시대에 여성이 셰익스피어의 재능을 갖는다는 것은
생각할 수도 없는 일입니다. 왜냐하면 셰익스피어 같은 천재는
교육받지 못하고 노동하며 노예처럼 사는 사람들 가운데서
태어나지 않기 때문입니다.

《자기만의 방》

○ 그녀는 온전히 자기 자신일 수 있고
홀로 있을 수 있었다.
이따금 필요하다고 느꼈던 것
바로 그것이었다.

《등대로》

○ 내가 다시 미쳐가고 있다는 것을
확실하게 느껴.
그 끔찍했던 시간이 되풀이되면
우리는 견뎌내지 못할 거야.
나는 이번에는 회복하지 못할 거야.
그래서 나는 내가 지금 할 수 있는
최선의 일을 하려고 해.

울프의 유서 중에서

자기만의 방을 꿈꾸던 버지니아 울프, 런던

Virginia Woolf

李箱

이상

일제 강점기 서울 1910 ~ 일본 도쿄 1937

이상한 천재를 아시나요

1910년 서울에서 태어난, 일제강점기 한국의 대표적인 근대 작가이자 화가, 건축가다. 본명은 김해경이고, 자식이 없던 백부의 슬하에서 자랐다. 스무 살에 서울고등공업학교를 수석으로 졸업하고 학교 추천을 받아 조선총독부 내무국 건축과 기수로 일하기 시작했다. 스물한 살이 된 1930년 〈조선〉 국문판에 9회에 걸쳐 유일한 장편소설 《12월 12일》을 연재하며 필명인 '이상(李箱)'을 사용했다. 1931년 시 〈이상한 가역반응〉(異常ナ可逆反應) 등 20여 편을 〈조선과 건축〉에 발표하는 한편, 조선미술전람회에 유화 〈자상〉을 출품하여 입선했다. 이듬해인 1932년에는 〈조선과 건축〉에 연작시 《건축무한육면각체》(建築無限六面角體)를 연재하며 일본어 시 〈AU MAGASIN DE NOUVEAUTES〉, 〈출판법〉(出版法) 등을 발표했다.

1933년 폐결핵으로 직무 수행이 어려워지자 조선총독부 기수직을 사직하고 배천 온천에서 요양을 하다 기생 금홍을 만났다. 그 후 금홍을 서울로 불러들여 다방 제비를 개업하면서 동기 생활을 시작했다. 이듬해 〈조선중앙일보〉에 〈오감도〉를 연재했으나 독자들의 항의로 연재를 중단했다. 경영난으로 다방 제비를 폐업하고 금홍과 헤어진 이상은 인사동과 명동 등에서도 카페와 다방을 개업했으나 모두 경영 악화로 폐업하고 말았다. 1936년 단편소설 〈날개〉를 발표하면서 문단의 큰 관심을 받았고, 미술평론가이자 서양화가인 변동림을 만나 결혼했다. 결혼 후 4개월 만에 새로운 문학세계를 찾아 일본으로 건너갔으나 사상불온 혐의로 체포돼 조사를 받는 동안 지병인 폐결핵이 악화돼 동경제국대학 부속병원에서 사망했다.

대표작으로 단편소설 〈날개〉 〈종생기〉, 수필 〈산촌여정〉 〈권태〉, 시 《건축무한육면각체》 〈거울〉 《오감도》 등이 있다.

● 불행한 천재로 기억되는 남자

"'박제가 되어버린 천재'를 아시오?"라는 문장만큼 강렬하고 도발적인 소설의 도입부가 또 있을까? '박제'와 '천재'라는 어울리지 않는 두 단어가 이끌어내는 충격이 채 사라지기도 전에 뒤이어 나오는 "나는 유쾌하오"라는 문장은 또 무엇이라 표현할 수 있을까?

어쨌든 이 소설을 읽는 독자는 단 두 문장만에 어느 미쳐버린 천재의 갑갑한 일상을 뇌리에 떠올리게 된다. 그리고 이렇게 강한 흡입력으로 독자를 사로잡은 작가 이상을 우리는 일제강점기를 살아간 '불행한 천재'로 기억한다.

양복을 입고 보헤미안 넥타이를 매고 파이프 담배를 문 채 다방에서 커피를 마시는 '모던 뽀이', 어두컴컴한 방에서 폐병으로 각혈하며 창백한 얼굴로 글을 써내려가는 작가, 비상한 머리와 위트가 넘치는 말재간을 지녔지만 세상 모든 것을 염세적으로 바라보는 얼굴, 방탕한 자유연애를 즐기면서도 이 세상에는 미련이 없다는 듯한 태도, 이런 모습이 바로 우리가 생각하는 이상이다. 일그러진 천재의 초상이라고나 할까. 스물일곱 해, 짧은 생을 살다간 그는 죽은 지 백 년이 지난 지금까지도 '불행한 삶을 살다 간 천재'로 우리 곁에 머물러 있다.

수많은 연구를 통해 그 삶의 족적이 하나둘 밝혀지고 있지만, 여전히 이상에게는 그가 남긴 작품보다 훨씬 더 긴 주석과 설명이 덧붙여져 있다. 그러나 작가 '이상'이기 이전에 그는 사람 '김해경'이었다는 사실을 잊어서는 안 된다. 불우한 천재 '이상'이면서도 동시에 불합리한 시대의 소용돌이 한가운데서 자신의 삶과 예술을 치열하게 살아나가고자 했던 사람 '김해경'이 있었던 것이다.

● 시대가 가로막은 예술가의 길

이상이 되기 전 김해경은 서울고등공업학교 건축과를 수석으로 졸업하고 조선총독부 내무국 건축과 기수로 특별 채용되면서도 늘 화가를 꿈꾸는 청년이었다. 조선건축회지였던 〈조선과 건축〉의 표지 도안 공모에 1등과 3등을 동시에 수상한 적도 있었고, 조선미술전람회에 유화 〈자상〉이 입선된 적도 있었다. 예술적 재능이 넘치던 청년은 장편소설과 시를 발표하면서 문학적 부분에서도 새로운 발상과 천재적 면모를 드러냈다. 그러나 '이상'이 된 청년이 마음껏 꿈을 펼치기에는 그 자신과 주변 환경에 찾아온 변화가 너무 격렬했다.

세 살 때부터 자신을 양아들 삼아 길러준 백부는 본처를 내보내고 소실을 맞아들였다. 그러고는 소실이 데리고 온 아이를 자신의 아들로 호적에 올렸다. 이상의 백모는 갈 데가 없어 이상의 친부모가 살던 집으로 들어가 함께 기거했다. 백부가 사망한 후에는 그 집의 아들처럼 자라난 이상이 아니라, 소실이었던 '작은 큰어머니'의 아들이 호주를 상속받게 됐다. 결국 이상은 백모와 마찬가지로 친부모가 살던 집으로 들어가 살게 됐다. 가까운 이가 자신의 자리에서 쫓겨나는 모습을 보면서 아무것도 할 수 없었던 무력감은 자기 자신 또한 그 입장에 놓이는 순간 커다란 절망으로 다가왔으리라. 게다가 백부가 사망하기 1년 전, 이상은 폐결핵 진단을 받은 상태였다.

시대 상황도 변화무쌍했다. 일제강점기의 서울은 주입된 억지 근대화의 틈바구니에서 강제적인 탈피를 거듭하며 현대적인 도시로 변화하고 있었다. 모든 것이 빠르게 달라지고 있었다. 이상을 사로잡은 새로운 것에 대한 열망은 어쩌면 방황의 단면이었을는지도 모른다.

몸과 마음이 모두 지친 이상은 총독부 기수직을 그만두고 집을 떠나 배천 온천으로 요양을 떠났다. 그리고 이 요양지에서 그의 인생에 있어 누구보다도 중요한 위치를 차지하는 인물을 만나게 된다. 바로 기생 금홍이었다.

●속고 속여도 모든 것이 꿈결

금홍과의 만남과 사랑, 그리고 이별은 이상의 삶에 크나큰 흔적을 남기게 됐는데, 이것은 그의 작품 〈봉별기〉에서 단편적이나마 확인할 수 있다.

"스물세 살이오 - 삼월이오 - 각혈이다"라는 강렬한 문장으로 시작되는 이 작품은 화자 '나'의 입을 통해 이상의 고백을 듣는 것 같은 기분을 느끼게 한다. 직장도 그만두고 병마와 싸우게 된 자신의 처지를 '나'는 "한적한 온천에서 죽어도 좋았다"고 하면서도

"그러나 이내 아직 기를 펴지 못한 청춘이 약탕관을 붙들고 늘어져서는 날 살리라고 보채는 것은 어찌하는 수가 없다. 여관 한등 寒燈 아래 밤이면 나는 늘 억울해 했다"라고 덤덤하지만 구슬프게 토로한다. 그런 그가 만난 것이 "체대體大가 비록 풋고추만하나 깡그라진 계집이 제법 맛이 매운" 금홍이었다. 금홍을 만나게 된 '나'는 사랑의 힘으로 각혈이 다 멈춰 약도 필요 없다 말할 정도였고, 결국 두 사람은 함께 살게 되었다.

실제로 이상은 금홍을 서울로 불러들이기 위해 집문서를 저당 잡히면서까지 다방 제비를 개업했다. 〈봉별기〉 속에서도 '나'는 "금홍이가 내 아내가 됐으니까 우리 내외는 참 사랑했다"라고 하며 "우리 내외는 이렇게 세상에도 없이 현란하고 아기자기했다"고 고백했다. 그러나 돈벌이에는 소질이 없었던 이상이 장사를 제대로 할 리가 없었고, 가게에는 손님보다 문인 친구들이 많이 찾아와 떠드는 바람에 다방이 잘 될 까닭이 없었다. 금홍은 이상과의 생활에서 염증을 느끼기 시작했고, 다른 남자들을 만나며 가출을 일삼았다. 이상에게 금홍이 처음 느낀 열렬한 감정의 대상이었다면, 금홍에게 이상은 아마도 스쳐지나가는 수많은 남자들 중 하나였을 것이다. 금홍이 이상을 사랑하지 않은 것은 아니나, 그 사랑이 남들보다 오래가지 못하는 사람이었을지도 모른다. 시골 온천의 술집 기생이었던 금홍과 서울의 지식인 청년 이상이 망해가는 다방을 운영하며 살아가는 생활이 균형을 이루며 지속되지 못하는 것은 어쩌면 당연한 결과였을지 모른다.

하루 나는 제목題目 없이 금홍이에게 몹시 얻어맞았다. 나는 아파서 울고 나가서 사흘을 들어오지 못했다. 너무도 금홍이가 무서웠다. 나흘 만에 와보니까 금홍이는 때 묻은 버선을 윗목에다 벗어 놓고 나가 버린 뒤였다.

그 이후로 '왕복엽서'처럼 집을 떠났다가 다시 돌아오기를 반복하던 금홍을 기다리다 '나'는 지친 나머지 모든 것을 정리하고 본가로 돌아갔다. 그러면서 자신의 처지를 이렇게 말한다.

와보니 우리 집은 노쇠했다. 이어 불초 이상李箱은 이 노쇠한 가정을 아주 쑥밭을 만들어버렸다. 그동안 이태가량 – 어언간 나도 노쇠해 버렸다. 나는 스물일곱 살이나 먹어버렸다.

몇 년 후 동경에 가서 새로운 생활을 시작해야겠다고 마음먹은 '나'의 앞에 금홍이 나타나 두 사람은 재회했다. 두 사람은 밤이 깊어가는 내내 이야기를 나누다가 "이게 이생에서의 영이별"이라는 결론을 내렸다. 그러고는 작품의 마지막, 금홍은 한 번도 들어본 적 없는 구슬픈 창가를 한다.

속아도 꿈결 속여도 꿈결 굽이굽이 뜨내기 세상 그늘진 심정에 불 질러버려라 운운云云.

서로 속고 속이는 관계라도 모든 것이 꿈결이라 노래하는 금홍의 창가는 이별가로서는 지나치게 애절하다. 아니 이별가이기 때문에 더욱 애절한 것일지도 모른다. 이렇게 "그늘진 심정에 불 질러버리는" 사랑을 아프게 겪은 이후 이상은 소설 〈지주회시〉, 〈날개〉 및 시 〈지비〉 등에서 그 형태를 바꾸어가며 금홍과의 사랑을 계속해서 표현했다. 이 강렬한 사랑이 얼마나 인간 김해경과 작가 이상 모두에게 인생의 한축처럼 강하게 자리 잡았는가를 확인할 수 있는 대목이다.

● '이상'만이 알 일을 남기고

지금까지도 이상은 신화처럼 과장되고 부풀려진 그의 개인사와 실험적인 작품들로 인해 한국문학사의 '사건'으로 다루어지는 일이 잦다. 또한 이상은 자신의 필명을 '이상理想' '이상異狀' '이상異常' '이상異相' 등 다양한 형태로 변화시키며 스스로 분열하기를 선택했다.

이상은 이렇듯 인간 김해경이기 이전에 건축가이자 화가, 시인, 소설가인 이상의 다양한 모습을 보여주길 원했던 것일까? 아니면 그 모든 이름에도 불구하고 지칭하는 것은 본인 한 사람이라는 주체에 대한 주장이던 것일까?

모를 일이다. 이상만이 알 일이다. 하지만 우리 곁에 그는 없고 그의 작품만이 남았다. 그래서 오늘도 우리는 이 대답을 찾기 위해 그의 작품 속을 헤매고 있는지 모른다.

○ **13인의 아해가 도로로 질주하오.**
(길은 막다른 골목이 적당하오.)
《오감도》

○ **'박제가 되어 버린 천재'를 아시오?
나는 유쾌하오.**
《날개》

화가 구본웅이 그린 이상의 초상
〈친구의 초상〉 1935

○ **거울 속에는 소리가 없소
저렇게까지 조용한 세상은
참 없을 것이오**
〈거울〉

○ **자, 그러면
내내 어여쁘소서**
〈이런 시〉

경성공고 화실에서

이상

○ 나는 그 물가에 앉는다. 앉아서 자— 무슨 제목으로 나는
사색해야 할 것인가 생각해본다. 그러나 물론 아무런 제목도
떠오르지 않는다. 그렇다면 아무것도 생각 말기로 하자.
그저 한량없이 넓은 초록색 벌판, 지평선, 아무리 변화하여
보았댔자 결국 치열한 곡예의 역을 벗어나지 않은 구름,
이런 것을 건너다본다.
〈권태〉

○ 이때나 저때나 박행에 우는
내가 십유여 년 전 그해도 저물려는
어느 날 지향도 없이 고향을 등지고
떠나가려 할 때에 과거의 나의
파란 많은 생활에도 적지 않은
인연을 가지고 있는 죽마의 구우
M군이 나를 보내려 먼 곳까지 좇아
나와 갈림을 아끼는 정으로 나의
손을 붙들고, "세상이라는 것은
우리가 생각하는 것과 같은 것은
아니라네."
《12월 12일》

이상, 박태원, 김소운

21

張愛玲

장아이링

중국 상하이 1920 ~ 미국 로스앤젤레스 1995

사소하지만 절박한, 일상적이지만 특별한

1920년 상하이의 귀족 가문 출신 아버지와 명문가의 신여성이었던 어머니 사이에서 태어난, 중국 현대문학의 대표적인 소설가이자 산문가, 영화작가다. 본명은 장잉(張煐)이었으나 열 살 때 어머니가 지어주신 영어 이름 아일린(Eileen)을 중국어로 음역하여 아이링이라는 이름을 사용하기 시작했다. 영국 런던대학교에 동아시아지역 수석으로 합격했으나 제2차 세계대전의 발발로 영국행이 무산돼 홍콩대학교에 입학했다. 1941년 진주만 습격으로 홍콩대학교가 휴교에 들어가며 학업을 중단하게 됐다. 1943년 잡지 〈제비꽃〉에 〈침향의 재, 첫 번째 향〉을 발표하며 '천재 작가'로 문단에 화제를 불러일으켰고, 등단 첫해부터 다음 해까지 15여 편의 소설과 20여 편의 산문을 연달아 발표해 큰 주목을 받았다. 스물네 살에 친일정부 관리인 후란청을 만나 비밀리에 결혼식을 올렸지만 3년 후 헤어졌다. 이로 인해 '친일파'라는 오명을 받으며 한동안 작품을 발표하지 못했다. 결국 중국에서의 생활을 포기하고 1952년 상하이를 떠나 홍콩으로 건너갔다.

홍콩에서는 〈노인과 바다〉 등을 번역하기도 하고 장편 《앙가》와 《적지지련》을 썼으나, 이 무렵부터 사람들과의 접촉을 꺼리고 은둔 생활을 시작했다. 1955년 미국으로 망명한 후, 서른 살 연상의 작가 페르디난드 레이어와 재혼하고 《색, 계》 《흘러가는 꽃》 등의 후기 작품들을 발표했다. 남편 레이어가 사망하자 건강 악화와 생활고에 시달리다가 1995년 일흔네 살의 나이로 로스앤젤레스에 있는 아파트에서 사망한 지 며칠 만에 발견됐다.

대표작으로 소설집 《전기》와 장편소설 《연환투》 《앙가》 《적지지련》 등이 있으며, 산문집 《유언》 등이 있다.

● 평범한 사람들을 위한 특별한 사람

이 세상은 소위 혁명이라고 하는 것과 전쟁을 통해 변모돼 왔다. 이 과정에서 뛰어난 영웅이 탄생하고 비열한 배신자도 나타난다. 암살과 테러가 난무하고, 그들의 승패가 역사의 결과를 만들어낸다.

영웅도 아니고 배신자도 아닌 역사의 뒤안길 평범한 사람들은 그들이 만들어낸 결과에 따라 그저 삶을 건사하며 산다. 이렇게 놓고 보면 우리의 삶에서 혁명과 전쟁만큼 중요한 것은 없을 것 같다는 생각이 든다. 역사가 탄생하기 때문이다.

그러나 "내 작품에는 전쟁과 혁명이 없다. 나는 시대적 기념비 같은 작품을 쓰지 않는다. 쓸 계획도 없다. 나는 그저 남녀 간의 자잘한 이야기를 쓴다. 나는 사람들이 전쟁이나 혁명을 할 때보다 연애를 할 때 더 소박하고 더 자율적이라고 생각한다"라고 주장한 작가가 있었다. 바로 《색, 계》로 유명한 작가 장아이링이다.

장아이링은 청나라가 몰락하고 신중국이 건립되기 이전, 근대화의 물결에 휘말리며 중국이 정치적으로 가장 혼란스러웠던 민국시대에 '가장 귀족적'인 여인이자 '가장 상하이 사람'다운 여인이었다.

근대적인 서양문물과 전근대적인 봉건적 이데올로기가 충돌하던 혼란의 시기, 상하이에서 나고 자란 장아이링이 사회주의 리얼리즘을 주창하는 대신 개인의 은근하고 내밀한 욕망에 이끌린 것은 어쩌면 당연한 일일지도 모른다. 어떻게 변모할지 알 수 없는 미래와 붙잡을 수 없는 과거 사이에서 불안해하는 사람들은 결국 눈앞에 확실하게 보이는 현재, 자기 자신과 그 주변의 것에 집착할 수밖에 없기 때문이다.

장아이링은 평범한 사람들의 평범하지만 특별한 불안과 욕구를 세련된 문체로 풀어냈던, 평범한 사람들을 위한 특별한 사람이었다.

●불안한 정신세계가 낳은 허무함

장아이링은 청나라 말기의 최고 권력자 리훙장의 외증손녀로 태어났다. 때문에 아버지 때부터 가세가 기우는 와중에도 명망 있는 가문으로 여전히 구시대적 생활을 유지하고 있었다. 장아이링의 아버지는 청나라의 관리가 되기 위해 청춘을 바쳐 과거를 준비했지만 새로운 시대가 시작되면서 도태되어버린 구시대 지식인이었다. 그에 비해 장아이링의 어머니는 정략결혼의 희생양으로 항상 자유를 꿈꾸던 중국의 제1세대 신여성이었다. 두 사람은 상반된 지식과 사상을 장아이링에게 전수해주면서 도저히 한데 섞이지 못할 깊은 갈등으로 장아이링이 불안한 정신세계를 형성하는 데 영향을 끼쳤다.

아버지는 아편을 하고 첩을 들이며 현실을 잊으려 했고, 어머니는 자식들을 친정에 맡기고 외국으로 도피했다. 계모는 아버지와 딸 사이를 이간질하여 장아이링을 폭력과 감금에 시달리게 했다. 집 문을 제 손으로 열어본 적도 없어 하녀가 없을 때 집 앞에서 반나절이나 서 있었던 '아가씨' 장아이링은 이렇게 자신의 가정 안에서 근원적인 불안을 맛보았다.

괴로운 청소년 시기를 보낸 장아이링은 아버지의 집에서 벗어나기 위해 런던대학교에서 유학하겠다는 계획을 세웠다. 그러나 동아시아지역 수석 합격이라는 대단한 성적을 냈음에도 제2차 세계대전의 발발로 런던에 갈 수 없게 됐다. 대신 입학한 홍콩대학교도 일본의 습격으로 학업을 포기해야만 했다. 결국 도피를 위한 노력이 수포로 돌아간 장아이링은 고향 상하이로 돌아와야 했다. 고모와 함께 머문 아파트에서 본격적인 작가 생활을 시작한 장아이링의 글에 인간의 정욕과 허무함이 짙게 드리워진 것은 당연한 결과였을 것이다.

잡지 〈제비꽃〉에 실리면서 그녀를 정식으로 등단하게 한 작품 〈침향의 재, 첫 번째 향〉에서는 상하이의 아가씨가 학업을 위해 영국화가 진행된 홍콩의 고모 집에 머무르며 겪는 충격과 변화가 그려져 있고, 〈침향의 재, 두 번째 향〉에서는 영국인이라는 우월 의식에 젖은 무능력한 교수가 홍콩을 떠날 경제력이 없어서 영국에 가지 못하고 홍콩의 어린 소녀를 사랑하다 죽음으로 내몰리는 이야기가 담겨 있다.

장아이링의 글은 격변하는 제도 속에서 생존하고자 하는 인간의 몸부림과 피할 수 없는 공포, 구문화와 신문화의 교차점에 서 있는 인간의 불안감을 여실히 드러냈다.

●상하이의 모던 걸은 어디에

 장아이링의 글은 퇴폐적이고 가벼우며 비현실적이라는 혹평을 받기도 했다. 그러나 새로운 문화의 급습과 전쟁이라는 대중적 공포 앞에서 그녀는 그 대중에 속하는 대신, 대중을 관찰하는 입장을 취하며 개개인의 내면에 집중하려 했을 뿐이었다.

 결코 좋아질 기미가 보이지 않는 식민지 상황 속에서도 개인은 은밀한 욕구를 품고 낭만적 사랑을 꿈꾼다. 장아이링은 그러한 보통사람의 진짜 내면에 집중하고 밝혀내는 것을 문학의 임무라고 생각했다. 그리고 작가이기 이전에 한 사람의 인간으로서 자기 자신의 내면에 집중하는 것이 스스로의 본분이라고 생각했다. 남의 눈을 신경 쓰지 않는 상하이의 모던 걸은 작품뿐 아니라 자신의 사랑으로도 그것을 증명하려 했다.

 1944년 상하이 문단의 베스트셀러 작가로 지위를 굳힌 장아이링은 자기보다 열네 살 연상이었던 친일정부의 고위관리 후란청과의 관계로 또 한 번 세간의 관심을 불러일으켰다. 당시 두 번째 결혼으로 유부남 상태였던 후란청은 친일파였기 때문에 많은 이의 지탄을 받고 있었다. 그런데다 스물네 살밖에 되지 않는 젊고 재능 넘치는 아름다운 아가씨가 그와 만나다니, 사람들은 장아이링을 이해하지 못했다. 그러나 장아이링은 그를 매국노나 나이가 많은 남자가 아니라, 그저 자신이 사랑에 빠져버린 상대로만 대했다.

 두 번째 부인과 이혼을 한 후란청과 정식 결혼을 하게 됐을 때 장아이링은 자신의 인생에서 가장 빛나는 시기를 맞이했다고 여겼다. 그러나 그녀의 황금기는 오래가지 못했다. 장아이링은 1945년 전쟁이 끝난 후 연일 언론매체로부터 '문화한간(문화 매국노)'이라는 비난을 받아야 했고, 두 사람의 관계도 3년을 넘기지 못했다. 불타오르던 창작욕은 사라지고 남은 것은 자신이 사랑하던 상하이와 상하이 사람들의 비난, 그리고 실연의 아픔뿐이었다. 결국 장아이링은 '량징'이라는 필명으로 작품을 발표하다 고향 상하이를 떠나 홍콩으로 이주했다. 홍콩에서도 외부와의 왕래를 거의 차단하고 외로이 지내다가 미국으로 망명하고 말았다.

몸에 딱 붙는 치파오를 입고 백화점에서 산 립스틱을 바르고 고급 자동차로 남경로를 달려 할리우드 영화를 즐기던 상하이의 모던 걸은 역사의 뒤안길로 사라지고 만 것이다.

● 허무 속에 진 화려한 삶

미국으로 건너간 장아이링의 삶은 결코 순탄하지만은 않았다. 장아이링은 서른 살 연상인 미국 작가 페르디난드 레이어와 결혼했으나, 그의 아이를 유산한 후로 다시는 자식을 갖지 못했다. 생활고로 인해 홍콩의 영화사에 소속돼 시나리오를 쓰기도 했지만 어려운 생활은 나아질 기미가 보이지 않았고, 가족과 떨어져 병든 남편을 간호하며 힘든 나날을 홀로 견뎌야 했다.

그러면서도 25년 동안 준비해온 대표작 《색, 계》를 발표하는 등 창작에 대한 열의를 꺼뜨리지 않았다.

전쟁으로 인해 평범한 일상이 더 이상 평범할 수 없었던 동시대 사람들에게 비현실적이고 퇴폐적인 글이라 비하받던 그녀의 작품들은 1970년대 타이완과 홍콩에서 일기 시작한 '장아이링 열풍'으로 조금씩 보상받는 듯했다. 그러나 장아이링의 말년은 '장아이링 열풍'과는 정반대로 다가왔다. 다른 사람들과의 접촉을 끊고 줄곧 혼자 지내던 장아이링이 1995년, 자신의 아파트에서 숨진 지 며칠이 지나서야 발견된 것이다.

화려한 상하이의 모던 걸로 살아가다 이국 땅에서 이방인으로 쓸쓸하게 죽어간 장아이링의 인생은 불꽃같은 혁명 속에서 개인의 삶을 주장한 자신의 작품과 맥락을 같이하는 듯 느껴진다. 거대 담론에 잠식되지 않고 개인의 사소하지만 절박한, 일상적이지만 특별한 문제들에 가치를 둔 그녀의 삶과 작품이 이 시대에 다시금 인기를 얻게 되는 것에는 그런 의미가 있지 않을까.

"30년 전의 달은 이미 져버렸고, 30년 전의 사람도 죽어버렸지만, 30년 전의 이야기는 아직 끝나지 않았다. ─끝나지 않을 것이다."

장아이링의 대표작 중 하나인 〈황금 족쇄〉의 마지막 구절이다. 마치 그녀의 삶을 대변하는 것만 같다.

◦ 30년 전의 달은 이미 져버렸고,
  30년 전의 사람도 죽어버렸지만,
  30년 전의 이야기는 아직 끝나지 않았다.
  끝나지 않을 것이다.
  〈황금 족쇄〉

◦ 이 사람… 진심으로
  나를 사랑하고 있구나!
  갑자기 몰려든 생각에 뭔가를
  잃어버린 듯 심란해진 그녀의
  심장이 쿵쾅거리며 미친 듯이
  뛰었다. 너무 늦었어! 그녀가
  소곤거리듯 외쳤다.
  "어서 가요!"
  《색, 계》

1930년대 상하이 풍경

소설집 《전기》 표지, 1944

내 작품에는 전쟁과 혁명이 없다.
나는 시대적 기념비 같은 작품을 쓰지 않는다.
쓸 계획도 없다. 나는 그저 남녀 간의 자잘한
이야기를 쓴다. 나는 사람들이 전쟁이나
혁명을 할 때보다 연애를 할 때 더 소박하고
더 자율적이라고 생각한다.

Anton Pavlovich Chekhov

안톤 체호프

러시아 타간로크 1860 ~ 독일 바덴바일러 1904

산다는 것은 무엇일까

1860년 남러시아의 항구 도시 타간로크에서 태어난, 러시아의 사실주의 문학을 대표하는 소설가이자 극작가다. 체호프는 어린 시절부터 파산한 아버지를 대신해 집안을 돌보는 실질적인 가장 역할을 했다. 모스크바대학 의학과에 진학한 후 생활비를 벌기 위해 단편소설을 쓰기 시작했다.

톨스토이의 영향을 많이 받아 홀로 시베리아를 횡단하기도 했다. 사할린섬을 여행하던 중 그곳에 유배된 수인(囚人)들의 비참한 모습을 목도한 체호프는 그 경험을 통해 자신의 매너리즘을 극복하고 새로운 사상에 눈을 떴다. 이때부터 그의 문학에도 깊은 무게감이 더해졌다. 또한 사할린섬에서 충격적인 현실을 본 후, 난민 구제와 지역 의료 활동, 학교와 도서관 설립 등 사회 활동에도 열정적으로 참여했다. 시대의 변화와 요구에 올바른 목소리를 전달하기 위해 저술 활동을 벌인 것으로 알려진 체호프는 포, 모파상과 더불어 19세기 세계 3대 단편작가로 평가된다. 체호프는 이십 대 때부터 폐결핵을 앓았는데, 이 폐결핵이 심해져서 요양차 떠난 독일의 바덴바일러에서 1904년 마흔네 살의 나이로 타계했다.

500편이 넘는 단편소설과 7편의 장막극, 10편의 단막극을 남겼는데, 대표작으로 단편소설 〈관리의 죽음〉 〈나비〉 〈귀여운 여인〉 〈개를 데리고 다니는 부인〉 〈흑의의 수도승〉 〈살인자〉 〈아리아드네〉 〈농부들〉 등이 있으며, 희곡 《이바노프》 《갈매기》 《세 자매》 《바냐 아저씨》 《벚꽃 동산》 《곰》 등이 있다.

● 생활과의 싸움으로 점철된 평범한 사람

작가들의 성향을 둘로 나눈다면 어떻게 나눌 수 있을까? 이론을 앞세워 자기주장을 하고 싶어 하는 사람과, 여러 가지 잡다한 이야기를 풀어놓기 좋아하는 사람으로 나눌 수 있을 것이다. 러시아문학에만 국한시켜 보자면 도스토옙스키는 전자에 속할 것이고, 안톤 체호프는 후자에 속할 것이다.

실제 체호프의 작품 속 등장인물들도 극히 평범한 사람들이며, 이야기 또한 일상에서 벌어질 수 있는 소소한 것들이다. 즉, 체호프의 작품은 당시 러시아 사람들의 생활상을 기록한 백과사전 같은 것이라 할 수 있다.

그렇다면 체호프는 왜 평범한 사람들의 이야기를 쓰기 시작했을까? 체호프 자신이 평범한 사람이었기 때문으로 보인다. 19세기 러시아 소설가의 대부분이 귀족 출신이었지만, 체호프는 일곱 형제자매 중 셋째 아들로 태어난 극히 평범한 집안 출신이었다. 아버지는 러시아의 항구 도시에서 작은 가게를 운영하던 상인이었고, "나의 소년 시절에 소년 시절은 없었다"라고 말할 정도로 어린 시절부터 가게를 돌보면서 자랐다. 한 발 더 나아가 급기야는 겨우 열여섯 살 때 아버지가 파산하면서 한 집안을 책임지는 가장 역할을 해야 했다.

이런 와중에서도 체호프는 공부를 포기하지 않았고 어렵사리 모스크바대학 의학과에 입학했다. 가족들의 생활비는 물론 자신의 학비까지 벌어야 했던 체호프는 생활 수단으로 신문 기사를 쓰듯 많은 단편소설을 썼다. 당시 가볍게 읽을 수 있는 유머소설을 싣는 주간지나 신문이 유행했는데, 이것에 주목했던 것이다. 이 모든 것은 작가가 될 생각으로 한 것이 아니라 가족과 자신의 생활을 위해서였다. "의학은 나의 아내요, 문학은 나의 애인이다"라고 말한 것처럼, 처음 체호프의 생각 속엔 작가의 꿈은 없었다.

체호프는 생활을 위해서 쉬지 않고 글을 썼으며, 소설의 소재를 찾아 술집, 재판소, 우체국 등을 돌아다녔다. 소재를 찾지 못하면 돈을 주고 소재가 될 만한 이야기를 사기도 했다. 왜냐하면 체호프는 실제 체험 없이 상상으로 작품을 쓰는 작가가 아니었기 때문이다.

어쨌든 어딘가 신랄하면서도 익살스러운 체호프의 짧은 이야기들은 상당한 호평을 받았다. 덕분에 그는 의사와 작가라는 두 가지 일을 직업으로 하는 인생을 시작하게 됐다.

● 잃어버린 청춘은 어디에

체호프에게는 소년 시절만큼이나 즐거운 청춘 또한 존재하지 않았다. 누구나 한 번쯤 겪는 가슴 떨리는 연애도 하지 못했다. 의사 일을 하면서도 가족을 부양하기 위해 소설까지 써야 해서 시간적 여유나 심적 여유가 없었기 때문이다.

이런 이유 때문인지 체호프의 작품에는 연애소설이라고 부를 만한 것이 없다. 물론 양념처럼 들어가 있긴 한데, 이를테면 아련한 사랑의 추억이나 다른 사람의 아내를 향한 이루어질 수 없는 짝사랑 같은 것들이다. 대신 체호프의 작품에 진하게 표현되고 있는 것은 잃어버린 청춘과 늙어가는 이에 대한 애틋함이다.

"환상의 세계로 데려가줄 것 같은 풋풋하고 황홀하며 시적인 사랑, 이 세상에서 행복을 가져다주는 것은 오직 그것뿐이야. 그 사랑이 드디어 나를 찾아와 손짓하고 있는 거야."

희곡《갈매기》속에 나오는, 젊은 아가씨를 사랑하게 된 중년의 신사가 한 말이다. 체호프는 실제 그런 사랑을 마흔이 넘어서야 겨우 만날 수 있게 됐다. 그러나 이마저도 오래가지 못했다. "풋풋하고 황홀하며 시적인 사랑"을 만난 지 3년 만에 죽고 말았기 때문이다.

체호프의 작품 속 인물들을 살펴보면 체호프의 마음, 즉 잃어버린 청춘과 늙어가는 이에 대한 애틋함을 엿볼 수 있다.

희곡《바냐 아저씨》의 주인공은 일가의 영지를 관리하기 위해 자신의 청춘을 희생한 나이 먹은 홀아비다. 그는 이루어지지 못할 사랑이라는 것을 알면서도 자기 매형의 새 아내에게 연정을 품는다. "참된 생활이 없는 한 다들 환상으로 살아갈 수밖에 없어. 어찌됐든 아무것도 없는 것보다는 나으니까." 주인공이 혼자 중얼거리는 말이다. "나의 시대는 이미 지나가버렸습니다. 지금 와서는 모든 게 늦어버렸어요." 작품 속 또 다른 인물의 말인데, 모두 체호프의 마음을 표현하는 말처럼 들린다.

체호프의 마지막 희곡《벚꽃 동산》은 빚에 쪼들리는 구세대 여지주가 자신의 영지를 잃게 되는 비애를 그린 작품이다. 여지주 라네프스카야는 소중히 여기던 벚나무가 찍혀 넘어가는 소리를 들으며 집을 떠나는데, 그 마지막 장면에서 이런 외침이 나온다.

"아아, 나의 아름답고 그리우며 사랑스러운 벚꽃 동산! 나의 생활! 나의 청춘! 나의 행복! 안녕! 안녕!"

체호프가 옆에 있는 지인에게 자신의 삶을 이야기하는 것인지, 작품 속 대사인지 구분하기 힘들 정도로 체호프를 떠올리게 하는 말이다.

● 밝은 미래에 대한 희망을 전하다

체호프는 넓은 땅을 사서 벚꽃과 사과나무를 정성 들여 심었다. 아마도 소설과 희곡을 쓰지 않았다면 정원사가 됐을지도 모르겠다. 그만큼 체호프는 계절마다 달라지는 꽃과 나무의 변화를 즐기며 이를 인생의 낙으로 삼았다. 그의 아내는 모스크바 예술극장의 배우였는데, 공연이 있는 기간 중에는 혼자 모스크바에 머물렀다. 그럴 때 벚꽃이 피기라도 하면 체호프는 아내에게 전화를 걸어 그 소식을 전하며 좋아했다. 그는 식물뿐 아니라 동물에게도 애정이 많아서 쥐덫에 걸린 쥐를 차마 죽이지 못하고 늘 숲속에 풀어줬다고 한다.

체호프는 또한 인간에 대해서도 지대한 관심과 애정을 품고 있었다. 그가 모스크바 교외의 자택에서 의사로 일했을 때, 성품이 좋다는 평판이 알려져 근처 다른 마을 환자들까지 찾아오는 바람에 늘 인산인해를 이뤘다. 하지만 대부분의 환자를 무료로 진료해준 까닭에 의사로서 많은 돈을 벌지 못했다. 체호프는 러시아의 미래가 어린이들의 교육에 있다는 믿음을 가지고 학교를 설립하기도 했다.

이런 자애로운 체호프였지만, 절대 자기 자신을 드러내거나 내세우지 않았다. 그저 타인에게 자상할 뿐이었다. 그는 자신의 전집에 자기 초상화나 약력 등을 넣지 말라고 부탁하기도 했다. 체호프가 다른 사람들과 함께 찍은 사진을 보면, 언제나 다른 사람들의 뒤에 가려져 있거나 옆으로 살짝 기대어 있는 경우가 많다. 그런 식으로 자신을 잘 드러내지 않는 사람이었다.

체호프가 아내에게 보낸 편지를 보면, 이런 성격은 타고났다기보다 끊임없는 단련을 통해 만들어진 것 같다. 그 편지에 "나는 본래 굉장히 과격하고 급한 성격이었지만 점차 자신을 억제하게 돼버렸소"라고 고백하고 있기 때문이다.

이렇게 체호프는 다른 사람의 이야기에 귀를 기울이는 사람이었다. 그리고 이런 일련의 과정을 통해 그는 그 누구도 이 세상에서 벌어지는 일에 대해 제대로 알지 못한다는 점을 깨닫게 됐다. 그의 소설과 희곡을 보면 인생의 불가해성을 부르짖는 목소리가 많다.

단편소설 〈지루한 이야기〉를 보자. 인생에 대해서는 모를 것이 없을 것만 같은 한 노교수가 젊은 아가씨에게 "어떻게 살아가면 좋겠습니까?"라는 질문을 받자 "나는 모른다"라고 대답한다. 또 희곡 〈세 자매〉에는 "천 년이 지난 뒤에도 인간의 생활은 지금과 조금도 변함이 없으며 수수께끼에 싸여 있고, 인간은 역시나 '아아, 산다는 것은 괴로워'라고 중얼거리겠지"라는 대사가 나온다.

모두 체호프의 본심이 드러나는 대목이라 할 수 있다. 그의 생각 그대로라고 해도 과언이 아닐 정도다.

체호프의 마지막 단편소설이라고 할 수 있는 〈약혼녀〉에는 이런 구절이 나온다.

"아아, 어머니 러시아여, 그대는 아직도 쓸모없이 많은 게으름뱅이를 등에 업고 있는 것인가!"

러시아뿐만 아니라 오늘을 사는 우리 모두에게도 적용되는 말 아닐까 싶다. 자신이 품은 이상을 이리저리 허풍쟁이처럼 떠들며 자랑하지 말라는 이야기이므로. 인생을 있는 그대로의 모습으로 바라보자는 담대하고 담백한 주장이므로.

오늘날에도 널리 애독되고 사랑받는 체호프의 가장 큰 매력은 무엇일까?

그의 작품이 속되고 고약한 것을 멀리하고 허위를 싫어하기 때문 아닐까. 또한 인간에 대한 애정을 북돋으며 밝은 미래에 대한 희망을 우리 가슴속에 심어주기 때문 아닐까.

○ 사랑할 수 있다는 것은
모든 것을
할 수 있다는 것이다.

○ **부드러운 말로
상대를 설득하지
못하는 사람은
위엄 있는 말로도
설득하지 못한다.**

○ 인간은 스스로
믿는 대로 된다.

○ 어쩌면 사랑할 때 경험하는 감정은
우리가 정상임을 보여주는 것인지도 모른다.
사랑은 스스로 어떤 사람이 되어야 하는지 보여준다.

○ 의학은 나의 아내요, 문학은 나의 애인이다.

체호프 생가, 타간로크

○ 우리가 인류를
구원할 순 없어요.
많은 부분에서
실수할 수도 있고요.
하지만 우리는
할 수 있는 걸 하고 있어요.

〈개를 데리고 다니는 부인〉

안톤 체호프

고독이 두렵거든 결혼하지 말라.

교양이란 소스를 식탁보에
엎지르지 않는 게 아니라,
다른 사람이 그렇게 한 걸
못 본 척하는 것이랍니다.
〈다락방이 있는 집〉

체호프와 아내 올가

참된 생활이 없는 한
다들 환상으로 살아갈 수밖에 없어.
어찌됐든 아무것도 없는 것보다는
나으니까.
《바냐 아저씨》

천 년이 지난 뒤에도 인간의 생활은
지금과 조금도 변함이 없으며 수수께끼에 싸여 있고,
인간은 역시나 '아, 산다는 것은 괴로워'라고
중얼거리겠지.
〈세 자매〉

Franz Kafka

프란츠 카프카

체코 프라하 1888 ~ 오스트리아 빈 1924

부조리를 부조리한 남자

1888년 현재 체코의 수도인 프라하(당시 오스트리아-헝가리 제국의 영토)에서 유태인 가정의 장남으로 태어난 독일 소설가다. 카프카는 독일어를 쓰는 프라하 유태인 사회 속에서 성장했는데, 엄격하고 독선적인 아버지와의 불화와 잇따른 동생들의 죽음으로 불안정한 유년기를 보냈다. 아버지의 결정에 따라 독일계 인문 중·고등학교에 입학한 카프카는 그가 평생 교류하게 되는 중요한 친구들을 이때 만나게 된다. 문학과 예술사에 흥미를 보였으나, 아버지의 요구에 따라 카를대학교에서 법학을 공부했다. 25세에 법률학 박사 학위를 취득했고, 이듬해 프라하의 노동자재해보험공사에 취업했다. 그 후로 죽기 2년 전까지 법률 고문으로 직장 생활을 하면서 글도 꾸준히 썼다. 하지만 카프카는 생전 몇 편의 단편만을 발표했을 뿐 대부분은 미완성인 상태로 남겼다. 그나마도 그가 죽을 때까지 거의 주목받지 못했다. 죽기 전 친구인 막스 브로트에게 원고를 파기해줄 것을 부탁했으나, 막스 브로트는 카프카의 유언을 따르지 않고 작품을 출간했다. 그 작품들로 인해 카프카는 훗날 카뮈, 사르트르와 함께 실존주의 문학의 선구자로 일컬어진다. 1917년에 폐결핵 진단을 받고 1924년 빈 교외의 킬링요양원에서 숨을 거뒀다. 그의 나이 마흔한 살이었다.

대표적인 작품으로는 《관찰》《아메리카》《변신》《유형지에서》《단식 광대》《성》《심판》 등이 있다.

● 삶 자체가 하나의 작품

 부조리란 무엇일까? 사전적 의미로는 이치에 맞지 않거나 도리에 어긋난 것을 뜻한다. 또는 불합리, 모순, 불가해 등을 뜻하기도 한다. 하지만 철학에서는 '인생에서 그 의의를 발견할 가망이 없음'을 일컫는다.

 인생의 의의와 생활 사이의 불합리한 관계를 나타내는 이 단어를 자신의 존재 자체로 증명한 작가가 있다. 바로 《변신》《심판》《성》《아메리카》 등의 작품으로 20세기 세계문학에 절대적인 영향을 끼친 프란츠 카프카다. 인간이 거대한 벌레가 되거나, 아무런 잘못도 없는 사람이 갑자기 체포되거나, 미로 같은 성 안을 끝없이 헤매거나, 서커스단의 중앙에서도 멀찌감치 떨어진 바깥 마구간 근처에서 단식을 이어나가는 광대가 등장하는 등 부조리한 이야기가 가득한 것이 카프카의 문학이다. 학자들은 이것을 '꿈의 논리' 혹은 '부조리의 세계'라고 설명한다.

 부조리의 세계를 느낄 수 있는 것은 비단 카프카의 작품에서만이 아니다. 그는 삶의 방식을 통해 '의미를 찾을 수 없는 것의 의미'를 역설했다. 그의 삶 자체가 하나의 작품인 셈이다.

● '진짜 일'을 하고 싶었던 사람

 카프카의 생애에서 가장 부조리하게 느껴지는 것은 무엇일까? 친구인 막스 브로트에게 자신이 죽은 후 남겨진 원고와 일기를 모두 파기해달라고 부탁했다는 점이 아닐까. 게다가 그는 자기가 보낸 편지며 다른 사람이 갖고 있던 초고도 모두 태워달라고 부탁했다고 한다. 마치 이 세상에서 자신의 존재와 그 기억을 말소해버리려고 애쓴 듯하다. 그러나 그런 일은 사실상 불가능하며 더욱이 그런 일에 친구가 응해줄 리가 없다.

법률학 박사 학위를 받은 카프카는 25세 때 프라하의 노동자재해보험공사에 취직했다. 하지만 이 즈음 이미 단편을 몇 편 완성해 발표도 한 상태였다. 그는 공무원으로 일생을 마칠 생각도 없었지만, 공무원과 작가라는 두 직업을 함께 유지할 생각 또한 없었다. 그에게 있어 공무원 생활은 유태인 상인으로 성공한 아버지로부터 자유로워지기 위한 하나의 구실이었다.

〈선고〉라는 단편에는 이런 내용이 나온다. 자리보전하고 있던 아버지가 어느 날 침대에서 일어나 자신의 아들에게 물에 빠져 죽을 것을 선고한다. 이에 아들은 다리에서 몸을 던져 죽는다.

부조리한 이야기라는 생각이 들겠지만, 아버지의 절대적인 권력에 따르지 않을 수 없었던 아들의 운명을 그린 작품이라고 생각하면 이해할 수 있다. 카프카는 자신의 일기에 이렇게 썼다.

"나는 가족 속에서, 다시 말해 가장 다정하고 친밀한 사람들 사이에서, 남보다도 더 데면데면하게 살아가고 있다."

카프카의 소원은 공무원을 그만두고 소설을 쓰는 '진짜 일'을 하는 것이었다. 그는 그 무엇에도 방해받는 일 없이 자신의 모든 힘을 문학에 쏟을 수 있기를 간절히 바랐다.

문학과 관련 없는 일에는 혐오감을 느끼던 카프카에게 공무원과 소설가라는 직업을 동시에 갖는다는 것은 생각조차 할 수 없는 일이었다. 그러나 집필에 전념하기 위해 공무원을 그만두었다가는 가족에게 기대야 할 것이고, 아버지가 시키는 대로 해야 할 터였다. 그랬다가는 소설을 쓸 여유 같은 것은 꿈도 꿀 수 없을 것이 분명했다. 카프카에게 있어 일을 하면서 시간을 쪼개 소설을 쓴다는 것은 시시한 것들 때문에 자신의 사명을 희생하는 일이었다. 이것은 그에게 있어 견디기 힘든 굴욕과도 같았다. 이런 자신의 상태를 두고 그는 "나의 생활은 마치 학생이 벌 대신 해내야 하는 숙제 같은 것이다"라고 기록했다.

이런 인생의 딜레마 속에서도 카프카는 단편을 몇 편 발표하여 문학상을 받기도 했다. 물론 일반 독자들에게는 거의 알려지지 않은 무명 작가였다. 그는 "완벽한 좌절, 끝없는 고뇌"라고 일기에 남기기도 했으나, 한편으로는 "금세 절망하는 것은 바보 같은 짓"이라고 스스로를 다독이기도 했다. 고독한 세계 속에서도 소설 쓰기를 멈추지 않았지만, 최종적으로 그 모두를 소각해달라고 친구에게 부탁한 것이다. 그의 친구 막스 브로트가 유언을 따르지 않은 것은 알려진 사실 그대로다.

과연 카프카는 자신의 원고가 모두 파기되기를 정말로 바랐을까? 알 수 없는 일이다.

● 가둬버린 자아

카프카의 일생에서 가장 부조리하게 느껴지는 것은 물론 유언이다. 그렇지만 그의 실생활 또한 유언에 버금갈 만큼 부조리하다. 그는 한 여성과 두 번이나 약혼을 했음에도 끝내 결혼하지 않고 관계를 끝내버렸다.

카프카는 학창 시절부터 이성 교제를 경험했으며 친구와 홍등가를 배회한 적도 있었다. 하지만 진지하고 열렬한 연애 감정을 품게 된 것은 29세 때였다. 그 상대는 베를린에 거주하던 네 살 연하의 펠리체 바우어였다. 두 사람은 편지로 사랑을 키우다가 2년 후에 아버지의 허락을 받고 약혼했다. 그러나 카프카는 그때의 기분을 "마치 범죄자처럼 결박당했다"고 기술했다. 막상 약혼을 하게 되자 결혼이 두려워진 것일까?

놀랍게도 약혼식을 하고 한 달 만에 두 사람은 파혼했다. 하지만 그 후로도 편지 왕래는 이어졌고 두 사람은 휴양지 등에서 만나기도 했다. 파혼 후 3년이 지난 어느 날 카프카는 펠리체와 두 번째 약혼을 하게 된다. 그리고 무슨 이유인지는 모르지만 이 약혼도 5개월 후 취소된다.

카프카는 펠리체를 "밝고 건강하며 자신감 넘치는 소녀"라고 불렀다. 우울증에 시달리고 소심하며 자신감이 결여돼 있던 카프카와는 대조적인 성격의 펠리체는 두 번이나 파혼한 이유를 알기나 했을까. 무엇보다 카프카가 프러포즈 때 했던 말도 기묘하기 짝이 없다.

"나와 결혼하면 당신은 분명 후회할 겁니다. 나와 결혼하지 않아도 당신은 후회할 거고요. 결혼을 해도 하지 않아도 당신은 후회하게 될 겁니다."

아니 이렇게 프러포즈하는 남자가 세상에 어디 있단 말인가. 카프카는 편지에 이렇게 쓰기도 했다.

"당신 없이 나는 살아갈 수 없지만, 당신과 함께해도 마찬가지입니다."

카프카는 결국 결혼을 하면 소설을 쓸 수 없게 되는 것이 아닐까 하는 불안감을 떨치지 못한 것이다. 이런 그의 행동에 대해, 무엇 하나 의심하지 못하던 그녀는 "당신이 글을 쓰는 동안 얌전히 곁에 있고 싶어요"라고 말한다. 이에 카프카는 "그래서는 소설을 못 써요"라고 대답한다.

이처럼 문제를 해결할 수 없는 방향으로 몰아서 스스로를 괴롭힌 것은 무엇일까? 공무원이냐 소설가냐를 놓고 고민하던 것과 결국 같은 성질의 것 아니었을까. 펠리체와의 결혼을 결심했을 무렵에 카프카의 창작 욕구가 강해진 것 또한 사실이었다. 결혼을 하면 그런 욕구가 더욱 강해질지도 몰랐다. 그러나 그는 철옹성처럼 단단한 망상의 벽을 결국 깨부수지 못했다. 스스로 가둬버린 자기 안에서 벗어나지 못한 것이다.

그리고 어느 날 각혈을 한 카프카는 폐결핵이라는 진단을 받게 된다. 하지만 그는 자신의 병을 단순한 결핵이 아니라, 자신이라는 존재 전체가 붕괴하는 증거라고 받아들였다. 카프카는 인생에서 자신이 얼마나 벌을 받게 되는가에 대한 관심밖에 없었다. 그것이 대체 무엇에 대한 '벌'인지, 그는 아무에게도 알려주지 않았다.

● '부조리'한 세상이란?

《심판》의 줄거리는 대략 이렇다. 요제프 K.는 나쁜 짓이라곤 무엇도 저지르지 않았지만, 어느 날 아침 갑자기 재판장에 출두하라는 명령을 받는다. 헐레벌떡 재판장에 도착한 요제프 K.에게 아무도 이렇다 할 죄목을 알려주지 않는다. 그러던 어느 날 눈앞에 나타난 두 명의 남자에게 골목 어귀로 끌려간 요제프 K.는 식칼에 가슴을 찔리고 "개같이 죽는다!"라고 외치며 죽어간다.

참으로 부조리한 이야기가 아닐 수 없다. 하지만 카프카가 타계하고 백 년 가까이 흐른 지금, 이것과 별반 다를 바 없는 일이 현실에서 일어나곤 한다.

카프카에게는 세 명의 여동생이 있었으나, 히틀러의 체코슬로바키아 점령 때 세 사람 모두 강제수용소에 끌려가 살해됐다. 카프카도 살아 있었다면 분명 같은 운명에 처했으리라. 언젠가 현실로 나타날 어두운 미래를 예감하고 《심판》을 쓴 것일까?

인간의 상상이란 대체로 현실에 존재하는 것을 기반으로 한다. 부조리한 세상이란 일상 속의 이치나 습관이 통하지 않는 것을 뜻하지만, 사실 그러한 것이 실제로 일어나는 것이 우리가 사는 이 세상이다.

우리가 알고 있지만 정작 모르는, 실제로 살아가고 있지만 좀처럼 이해하지 못하는 이 '부조리'한 세상을 카프카는 알고 있었던 것이 아닐까.

다섯 살 때의 카프카

○ 삶이 소중한 이유는
언젠가 끝나기
때문이다.

○ 시작하는 데 있어
나쁜 시기란 없다.

○ 있는 것은 오직 목표뿐이다. 길은 없다.
우리가 길이라고 부르는 것은 망설임에 불과하다.

○ 한 권의 책은 우리 안의 얼어붙은
바다를 부수는 도끼여야 한다.

○ 우리가
소유할 수 있는
유일한 인생은
일상이다.

○ 청년은 행복하다.
왜냐하면 아름다움을
볼 줄 알기 때문이다.
그러므로 아름다움을
볼 줄 아는 사람은
절대로 늙지 않는다.

○ **나는 가족 속에서,
다시 말해 가장 다정하고
친밀한 사람들 사이에서,
남보다도 더 데면데면하게
살아가고 있다.**

카프카의 일기 중에서

○ 문학적으로 보면 내 생은 지극히 단순하다.
꿈과 같은 내면의 삶을 묘사하는 일이 운명이자 의미이고,
나머지는 전부 주변적인 사건이 되었다.

카프카의 일기 중에서

○ 어느 날 아침 그레고르 잠자가
불안한 꿈에서 깨어났을 때,
그는 침대 속에서 한 마리의
흉측한 곤충으로 변해 있는
자신의 모습을 발견했다.

《변신》

카프카의 유언장

Franz Kafka

Lev Nikolaevich Tolstoi

레프 니콜라예비치 톨스토이

러시아 폴라나 1828 ~ 러시아 리페츠크 1910

'방탕'이 불러온 문학의 향기

1828년 러시아 남부의 야스나야 폴랴나에서 톨스토이 백작 집안의 넷째 아들로 태어났다. 사실주의 문학의 대가로 일컬어지는 러시아의 소설가이자 시인, 사상가다. 부모를 일찍 여의고 먼 친척 밑에서 자랐다. 열여섯 살에 까잔대학교 동양어대학 아랍·터키어과에 입학했다가 법학과로 전과했지만, 학업에는 관심을 두지 않고 방탕한 생활을 일삼았다. 대학을 자퇴하고 고향으로 돌아가 진보적인 지주로서 새로운 농업 경영과 농노 계몽을 위해 일하려 했으나 실패했다. 도박과 여자에 집착하는 등 방탕한 생활을 하다가 맏형 니콜라이가 있던 카프카스에서 복무하며 크림전쟁에도 참여해 큰 공을 세웠다. 전쟁에서의 경험이 톨스토이의 비폭력주의에 큰 영향을 주었고, 자전적 소설을 쓰며 문필 활동을 시작하게끔 이끈 계기가 됐다. 농민의 열악한 교육 상태에 관심을 갖게 돼 학교를 세우기도 했다.

서른네 살에 소피아 안드레예브나와 결혼하여 열세 명의 자녀를 두었다. 결혼 후 문학에 전념해 명성을 누렸으나 사십 대 후반부터 삶과 죽음, 종교에 관해 깊이 숙고하며 정신적 위기를 겪었다. 한동안 집필을 그만두고 신학과 성서 연구에 전념하여 '톨스토이즘'이라 불리는 자신의 사상을 체계화하기도 했다. 정치, 사회, 종교, 사상과 관련된 일련의 문제에 관해 저술을 멈추지 않았고, 생활에 있어서도 금욕적인 태도를 지향했다. 일련의 저술에서 국가와 교회를 부정하거나 저작권 포기 선언을 하는 등 파격적인 행동을 서슴지 않았다. 1910년 리페츠크 아스타포보역의 관사에서 폐렴으로 사망했으며, 아스타포보역은 이후 '레프 톨스토이역'으로 개칭됐다.

대표작으로 《전쟁과 평화》《안나 카레니나》《참회록》《교회와 국가》《이반 일리치의 죽음》《바보 이반》《사람은 무엇으로 사는가》《부활》 등이 있다.

● 옳지 못한 삶을 살아온 사람

'1초 전'도 과거라는 말이 있다. '그때 이렇게 할 걸 그랬어' 하는 후회는 아무 쓸모없는 넋두리에 불과하다는 말과 같다. 수많은 석학들이 과거의 실패로부터 교훈을 얻어야 한다고 말하곤 하지만, 때로는 과거는 과거로 묻어버리는 것이 나을 때도 있다. '과거를 과거로 묻어버리지 못한 사람' 중 퍼뜩 떠오르는 작가는 누구일까? 사람마다 다르겠지만, 세계적인 대문호 레프 니콜라예비치 톨스토이도 그중 한 명일 것이다.

톨스토이는 일흔이 넘은 나이에도 젊은 시절 자신이 한 행동들을 반성하고 "나는 옳지 못한 삶을 살아온 사람"이라고 말하곤 했다. 그렇다면 톨스토이는 어떤 '옳지 못한 삶'을 산 것일까? 어떤 삶을 살았기에 그토록 뼈저린 반성과 후회를 했을까?

쉰한 살의 나이에 톨스토이가 지난 삶을 되돌아보며 쓴 《참회록》에는 "전쟁에서 많은 사람을 죽였다. 죽이기 위해 타인에게 결투도 신청했다. 도박에서 많은 돈을 잃고 큰 빚을 진 적도 있다. 소작농들이 피땀 흘려 수확한 것을 무위도식하면서 그들을 제대로 돌보지 않았다. 사기, 절도, 온갖 종류의 간음, 만취, 폭행……. 저지르지 않은 죄악이 거의 없을 정도다"라고 밝히고 있다.

이 '죄악' 중 톨스토이가 가장 후회했던 것은 '온갖 종류의 간음'이었다. 만년의 톨스토이는 '인류의 스승'이라 불리며 사람들에게 도덕적인 삶을 살 것을 권고했지만, 사실 젊은 시절의 톨스토이는 자타가 공인하는 '방탕아' 그 자체였다.

톨스토이는 어려서 부모를 여의고 숙모 밑에서 자랐다. 톨스토이가 사교계에 얼굴을 내밀게 됐을 때 그 숙모가 조언이랍시고 해준 말은 "네가 남편이 있는 부인과 관계를 맺는 것만큼 널 위해 내가 바라는 것은 없어"라는 것이었다. 그리고 젊은 톨스토이는 이 조언에 충실히 따르는 나날을 보냈다. 이게 말이 되는 소리일까. 조카인 톨스토이를 엄청난 죄악 속으로 밀어 넣는 말을 스스럼없이 후견인이라는 숙모가 어떻게 할 수 있을까. 사실 간음, 즉 불륜은 톨스토이가 속해 있던 19세기 러시아 귀족 사회에서는 그리 드문 일이 아니었다. 그리고 죄악이라고 부를 만큼 심각하게 여기지도 않았다. 물론 그렇다고 해서 후견인인 숙모가 자신의 조카에게 그것을 간곡히 권했다는 건 좀 이상하고 과한 일이긴 하다. 어쨌든 당시에는 그리 죄악시되지 않는 일이었다.

그러면 톨스토이는 왜 그렇게 자신의 과거 행적에 대해 괴로워한 것일까?

● 과거는 과거일 뿐이라지만

톨스토이는 무슨 일이든 가볍게 여기지를 않았다. 모든 일을 심각하게 받아들였고, 철저하게 생각했다. 그런 그의 성격답게 젊은 시절부터 그는 후회와 반성으로 점철된 삶을 살았다. 톨스토이의 일기 곳곳에는 스스로를 다잡기 위한 규칙이 가득 적혀 있었다고 한다. 예를 들면 이런 것들이다.

"카드놀이에 25코페이카 이상 걸지 말 것"

"여성과의 교제는 사회생활을 하는 데 있어 어쩔 수 없는 필요악이니 가능한 한 피할 것"

하지만 그 어느 것도 제대로 지켜지지 않았고, 나중에는 규칙을 지키라는 규칙까지 만들어놓았다고 한다. 물론 그 뒤에는 바로 '불이행'이라고 쓰여 있었고. 사람인 이상 자기 자신을 생각한 대로 움직이는 것은 여간 어려운 일이 아니다. 어느 정도의 선에서 타협해야지 그렇지 않을 경우 자기혐오에 빠지기 쉬운 게 보통의 사람인 것이다.

그런데 톨스토이는 다른 사람과의 관계나 일뿐만이 아니라 자기 자신과도 타협할 줄 모르는 사람이었다. 자기 자신을 철저하게 분석하고 제대로 판단하지 않으면 못 견뎌했다. 그렇기 때문에 《전쟁과 평화》나 《안나 카레니나》 같은 대작을 완성할 수 있었겠지만, 일상생활에서의 그는 여간 불편한 사람이 아니었다. 그리고 그 최대의 '피해자'는 악처라고 알려진 톨스토이의 아내 소피아 안드레예브나 톨스타야였다.

톨스토이는 서른네 살에 결혼했는데, 그때 소피아의 나이는 겨우 열여덟 살이었다. 이 결혼이 충격적인 것은 두 사람의 나이 차이도 나이 차이이지만, 결혼 전 톨스토이가 보인 행동이었다. 톨스토이는 결혼식을 올리기 얼마 전 아내가 될 소피아를 찾아가 자신이 젊은 시절 저지른 온갖 만행과 추태를 기록한 일기장을 건넸다. 그러고는 그것을 읽게 했다. 이것은 이제 막 열여덟 살이 된 처녀에게는 가혹한 행위가 아닐 수 없었다. 세상에는 알고 싶지 않은 진실도 있게 마련이고, 차라리 모르는 것이 더 나을 때가 있는 법이다. 톨스토이는 방탕했던 자신의 젊은 날을 후회하고 있다는 것을 솔직하게 말하고자 한 것이었겠지만, 소피아의 입장에서는 충격 그 자체였을 것이다. 이러한 자신의 행동을 톨스토이는 《안나 카레니나》와 〈크로이체르 소나타〉라는 단편에 묘사하기도 했다.

"남편의 일기도, 남편의 모든 과거도 불살라버리고 싶다."

소피아가 결혼을 한 후 얼마 지나지 않아 자신의 일기에 쓴 내용이다. 하지만 소피아가 그토록 불살라버리고 싶어 하던 그 과거에서 톨스토이는 한 발짝도 멀어질 수 없었다.

● 인생이란 무엇인가

그럼에도 두 사람은 결혼을 하고 십여 년 동안은 사이가 매우 좋았다. 이 사이에 여덟 명의 자녀를 낳았고, 톨스토이는 두 편의 장편소설을 완성하며 자신의 이름을 세계적으로 알리는 작가가 됐다. 그러나 톨스토이가 오십 대에 들어서면서 두 사람 사이에는 부부 싸움이 끊이지 않았다. 톨스토이는 정신적 위기를 겪으며 자살 충동을 느끼기도 했다. 급기야 가출을 감행한 톨스토이는 숨이 끊어지는 순간까지 아내와 만나지 않겠다는 다짐을 하기에 이르렀다.

세상에는 도저히 그 답을 찾을 수 없는 의문이 많은 법이다. 많고 많은 의문 중 톨스토이가 품은 대표적인 의문은 '인생이란 무엇인가?'가 아니었을까. 톨스토이는 이 의문에 대답하기 위해 《전쟁과 평화》와 《안나 카레니나》를 완성한 것이 아니었을까.

톨스토이는 고뇌 그 자체를 하기 위해 태어난 사람이라고 해도 좋을 것 같다. 그는 젊은 시절 자신이 살아온 방식을 후회하고 반성하다가 나중에는 그것을 모조리 부정하기에 이르렀다. 톨스토이만큼 막무가내인 사상가가 또 있을까 싶다.

톨스토이는 인간을 불행하게 만드는 근원이 성욕이라고 생각했고, 스스로 순결한 생활을 하겠다고 결심했다. 그러나 그것을 지켜내지는 못했다. 그는 또 인간의 즐거움을 모두 죄악으로 보았다. 알코올이 인간에게 미치는 해악에 관해 논문을 쓰기도 하고, 러시아 최초의 금주협회를 결성하기도 했다. 그 스스로 솔선수범해서 예순 살의 나이에 그렇게나 좋아하던 담배도 끊었다. 사유재산이야말로 여러 죄악의 원흉이라고 여기고 자신의 재산을 모조리 빈곤층에 나눠주고, 작품의 저작권마저 포기하려 했다. 아내 소피아와의 불화가 가장 심해진 것은 바로 이 부분 때문이었다. 결국 톨스토이는 오십 대 초반까지 발표한 작품의 저작권을 아내에게 모두 일임했으며, 소피아는 그 작품들을 가지고 톨스토이 전집을 출간해 많은 돈을 벌었다.

톨스토이는 많은 사람들에게 큰 공명을 불러일으켰지만, 가장 가까운 곳에 있는 사람에게는 무엇 하나 감화를 주지 못했다. 그런 소피아였기에 남편 톨스토이가 그저 훌륭한 작품을 써주기만을 바라는 건 어쩌면 당연한 일이었다. 그런 그녀의 바람도 톨스토이는 들어주지 않았다. 만년의 톨스토이는 젊은 시절의 사치를 반성하며 모든 것을 자급자족하겠다고 마음먹고는, 구둣방에 가서 구두 만드는 법을 배워 자신의 구두를 직접 만드는 일 따위에 열중했을 뿐이었다. 이런 남편을 이해할 수 있는 아내가 세상에 몇이나 될까. 당연히 소피아는 그런 짓은 '로빈슨 크루소'나 하는 하찮은 놀이라고 생각하고 경멸하지 않을 수 없었을 것이다. 이런 톨스토이 덕분에 소피아는 후에 세계 3대 악처 중 하나로 이름을 남기게 됐다. 소피아 입장에서 보면 참으로 억울한 일이다. 못된 아내가 되도록 상당한 원인을 제공한 이기적인 남편이 톨스토이였으니.

톨스토이와 생일이 같은 괴테는 여든 살 가까운 나이에도 열일곱 살의 아가씨를 쫓아다녔다고 한다. 그 반대로 톨스토이는 젊은 시절의 방탕을 후회하고 반성하며 노년이 되자 모든 쾌락을 포기하고 성인聖人이 되려 했다. 괴테와 톨스토이, 둘 중 어떤 삶이 더 낫다고 할 수 있을까? 쉽게 대답할 수 없는 질문이다.

어쨌든 톨스토이의 문학이 탁월하다는 데에 있어서는 이견이 없다. 하지만 그가 말년에 문학보다 더 몰두했던 종교 사상에 대한 평가는 의외로 부정적인 평가가 더 많다. 그의 이상은 훌륭했지만, 그 결과물은 특별한 매력이나 강력한 설득력을 지니지 못했던 까닭인 듯하다.

톨스토이는 80년 넘는 생애 동안 수많은 저술을 남겼다. 하지만 사상에 관한 저술은 대부분이 잊히고 사라졌다. 반면에 문학 작품은 지금도 그 영향력이 실로 대단하다. 또한 대표적인 업적도 역시 문학 분야에서 나왔다. 그의 삶을 생각할 때 시사하는 바가 크다고 하지 않을 수 없는 대목이다.

가장 중요한 때는
지금이고,
가장 중요한 일은
지금 하고 있는 일이며,
가장 중요한 사람은
지금 만나고 있는 사람이다.

생각하기 위해 시간을 내라. 능력의 근원이다.
독서하기 위해 시간을 내라. 지혜의 원천이다.

모두 세상을 바꾸겠다고 생각하지만, 누구도 스스로 변하겠다고 생각하지 않는다.

톨스토이가 숨을 거둔 아스타포보역
이후 '레프 톨스토이역'으로 개칭됐다.

인간관계에서
자신을 높이는 가장
훌륭한 방법은
남을 탓하지 않는 것이고,
자신의 그릇을
가장 크게 하는 방법은
남을 이해하는 것이다.

○ 내가 누군지,
왜 지금 여기 있는지
모른다면
삶은 불가능하다.

○ 행복한 가정들은
모두 서로 닮았고,
불행한 가정들은
각각 나름 불행하다.
《안나 카레니나》

○ 사람은 누구나 자신에 대한 걱정과
보살핌으로 사는 것이 아니라
각자의 마음에 있는 사랑으로
사는 것입니다.
〈사람은 무엇으로 사는가〉

○ 깊은 강물에 돌을 던져도
흐려지지 않는다.
모욕을 받고 곧바로 발끈하는
사람은 작은 웅덩이에 불과하다.

젊은 시절의 톨스토이, 1862

Lev Nikolaevich Tolstoi

Mark Twain

마크 트웨인

미국 플로리다 1835 ~ 미국 레딩 1910

전 세계인에게 즐거움을 준 미국식 유머

1835년 미국 미주리주 플로리다에서 가난한 개척민의 아들로 태어난. 미국 현대소설의 효시라 불리는 소설가다. 본명은 새뮤얼 클레멘스다. 필명인 마크 트웨인은 뱃사람 용어 중 안전수역을 뜻하는 'By the mark twain(두 길 물 속)'에서 차용했다. 열두 살 때 아버지를 여의고 집안이 어려워지자 인쇄소 견습공 생활을 시작해 여러 직업을 전전했다. 남북전쟁이 일어나자 남군에 입대했으나 2주 만에 빠져나와 서부행 마차 여행에 동참하며, 금광을 찾겠다는 꿈에 부풀었으나 실패로 돌아갔다. 그 후 신문 기자로 일하면서 신문과 잡지에 글을 기고하기 시작했다. 첫 단편집 《캘리베러스의 명물 뛰어오르는 개구리》를 발표해 큰 성공을 거뒀다. 2년 후 유럽 여행기를 정리한 《철부지의 해외 여행기》로 인기 작가가 됐으며, 대표작으로 뽑히는 《톰 소여의 모험》으로 최고의 전성기를 맞이했다. 작품 활동으로 많은 돈을 벌었으나 발명과 출판사 경영 등에 투자하다 실패했다. 트웨인은 세계 강연 여행을 하며 빚을 청산하면서도 소설 《바보 윌슨의 비극》, 반전 우화 《전쟁을 위한 기도》 《인간이란 무엇인가》 등을 집필하며 반제국주의, 반전 활동에 열성적으로 참여했다.

트웨인은 네 명의 자녀 중 셋을 병으로 잃고, 아내마저 오랫동안 병에 시달리다 심부전으로 사망하자 우울증에 시달렸다. 그는 평소 "1835년 핼리 혜성과 함께 태어난 나는 혜성과 함께 떠나고 싶다"고 말하곤 했는데, 그의 말대로 1910년 핼리 혜성이 지구에 가까워진 다음 날 심장마비로 사망했다.

대표작으로 《도금시대》 《톰 소여의 모험》 《왕자와 거지》 《허클베리 핀의 모험》 《미시시피강의 생활》 등이 있다.

● 문학계의 링컨

다음에 설명하는 인물은 누구일까?

"찢어지게 가난한 집에서 태어났는데, 어려서 아버지를 잃었다. 당연히 교육도 받지 못했다. 친구들이 학교에 갈 때 돈을 벌기 위해 별의별 일을 다 했다. 피나는 노력과 행운의 도움으로 역경을 극복했다. 결혼도 하고 부와 명성도 얻었다. 후세에 이름을 남길 만한 작품도 썼다. 미국 사람이므로 말 그대로 '아메리칸 드림'을 이룬 사람이라고 해야 할까."

이런 인물을 정치계에서 찾아보면, 미국 제16대 대통령 에이브러햄 링컨이 있다. 그럼 문학계에서는 누가 있을까?

마크 트웨인이다. 마크 트웨인 하면 떠오르는 작품이 《톰 소여의 모험》《왕자와 거지》《허클베리 핀의 모험》 등 주로 청소년을 대상으로 하는 작품일 것이다. 하지만 그뿐만 아니라 반전 에세이 《인간이란 무엇인가》, 자신의 생애를 되짚어가며 쓴 《자서전》 등의 작품도 있다.

일명 트웨인의 '아메리칸 드림'은 인구가 100명이라는 작은 마을에서 시작됐다. "나는 태어나는 것만으로 마을의 인구를 1퍼센트 늘렸다. 이것은 그 대단한 문호 셰익스피어조차도 자신이 태어난 땅에 이뤄내지 못한 쾌거였다." 그가 자신의 탄생이 가진 의의를 《자서전》에서 서술한 내용이다.

그런데 사실 트웨인이 태어난 마을은 인구가 300명 정도 되는 곳이었다. 그는 자신의 탄생이 가지는 의의를 높이기 위해 인구를 100명이라고 줄여버렸던 것이다. 이렇듯 다른 사람을 즐겁게 하기 위해선 이야기를 재미있게 만들어야 한다는 것이 그의 일관된 생각이었다. 소설도 아닌 자서전에서까지 그런 생각을 바꾸지 않았다는 것이 역시 트웨인답다.

하지만 트웨인의 실제 인생은 별로 즐겁지도 재미있지도 않았다. 그저 가난과 고된 노동, 좌절과 불운이 가득한 인생이었다. 인생이 그러하니 글에서 반전을 꾀하려 했던 것일까.

● 앞을 내다보는 눈

트웨인의 삶에서 빼놓을 수 없는 가난이나 노동은 사실 그 당시 미국에서 그리 특별한 것은 아니었다. 가난한 집에서 태어났고, 열두 살에 아버지를 여의었고, 어린 나이에 인쇄소의 견습공으로 일하며 돈을 벌어야 했다는 이야기는 그 당시 미국에서 흔한 이야기였다. 또한 아메리카 대륙을 걸어서 횡단하거나 일확천금의 꿈을 꾸며 남미로 가려고 생각한 것도 트웨인 혼자만은 아니었다. 하지만 삶의 길에서 맞이한 운명이 또 다른 운명을 낳고, 그 운명으로 세상의 빛을 빨아들인 측면에서 보면 그는 그 누구보다 특이한 인생을 살았다.

어쨌든 '꿈'에 부풀어 뉴올리언스까지 온 트웨인은 자신을 남미까지 데려다줄 배가 없다는 것을 알게 됐다. 결국 이 일로 인해 미시시피강에서 배의 수로를 안내하는 일을 직업으로 삼게 됐다. 그 후 남북전쟁이 발발하면서 미시시피강의 선박 운행이 불가능해지자 남군에 지원했다. 하지만 비참한 군대 생활을 견디지 못하고 2주 만에 빠져나와 여기저기 떠돌아다니는 방랑 생활을 했다. 은광을 찾아 네바다로, 또 금광을 찾아 캘리포니아로 떠돌아다녔다.

트웨인이 방랑 생활을 끝낸 건 샌프란시스코에서 신문 기자 생활을 하게 되면서였다. 그리고 그즈음 작가의 길을 걷기 위해 쓴 단편소설이 세상의 빛을 보게 되었다. 그의 나이 서른 살 때의 일이었다.

트웨인은 영국의 한 여행사가 여행 패키지 상품을 기획한다는 소식을 듣자마자 참가했고, 그 여행에서 보고 들은 것을 정리해 《철부지의 해외 여행기》라는 책을 썼다. 그의 나이 서른두 살 때의 일이었고, 이 책은 나오자마자 베스트셀러가 됐다. 이처럼 그는 앞을 내다보는 눈이 아주 탁월했다.

그 후 트웨인은 작가로서 인정받으며 "미국문학은 마크 트웨인과 함께 시작됐다"는 말을 들을 정도로 성공했다. 게다가 대부호의 아름다운 딸과 결혼도 했다. 이쯤 되면 개천에서 용 났다는 말을 들을 만하지 않을까.

●소년 그대로의 어른이 되고

트웨인은 태어날 때부터 장난기에 천재적인 기질이 있는 사람이었다. 우리가 다 알다시피 장난이라는 것은 어린아이가 주로 하는 놀이 아닌가. 이 장난을 창조적인 능력으로 승화시킨 사람이 트웨인이었고, 그의 대표작《톰 소여의 모험》에도 여러 가지 장난에 관한 이야기가 나온다. 또 그의《자서전》에서도 그가 친구의 침대 속에 뱀을 넣어두거나 고양이에게 진통제를 먹이는 등의 여러 장난이 등장한다.

그중에서도 제일 트웨인다운 것은 그가 최면에 걸린 척했던 일이다. 최면술을 쇼로 보여주는 순회공연단이 옛날 미국의 시골 마을에 자주 찾아왔다. 우리네 어릴 때 시골 장터의 약장수가 하던 쇼와 비슷하지 않았을까. 최면술사가 관객에게 최면술을 걸어서 신기한 현상을 보여주곤 했는데, 최면술사의 시도대로 관객을 즐겁게 해줄 '연기'를 하는 사람은 인기가 많았다. 어린 트웨인도 그런 인기 있는 사람이 되고 싶다는 생각으로 최면 상태에 빠진 척을 했다. 핀으로 몸을 찔러대도 아무렇지 않은 척 꾹 참았던 것이다. 최면술에 의해 몸의 감각이 없어졌다는 표시를 해야 했기 때문이었다.

"마을에서 최면술을 믿지 않는 사람은 단 한 사람뿐이었다. 그리고 그 한 사람은 바로 나였다."

트웨인이《자서전》에서 고백한 내용이다.

이런 소년이 그대로 어른이 된 것이 바로 트웨인이었다. 그는 그로부터 35년이 지난 어느 날, 자신의 어머니에게 그때는 최면술에 걸린 척만 했을 뿐이라고 설명했다. 하지만 어머니는 그의 말을 믿지 않았다.

"어머니, 진짜라니까요. 모르시겠어요? 그럼 지금 여기서 제 팔에 핀을 찔러보세요. 제가 꿈쩍이나 하나."

"너는 이제 어른이잖니. 설사 아프다고 해도 아프지 않은 척할 수 있잖아. 그렇지만 그때는 넌 정말 어린애였어. 그런 연기 같은 건 도저히 못했을 거야."

트웨인은 정말 답답했을 것이다. 자신의 말을 믿어주지 않는 것처럼 답답한 일이 세상에 또 어디 있을까.

● 핼리 혜성과 함께 떠난 사나이

트웨인은 가난한 집에서 태어나 제대로 된 교육도 받지 못했지만 작가가 됐으며, 작가로도 큰 성공을 거두었다. 하지만 트웨인의 인생이 마지막까지 물이 위에서 아래로 흐르듯 술술 흘러간 것은 아니었다. 그는 출판 사업을 하거나 새로운 발명에 투자하곤 했는데 모두 실패했다. 급기야 파산을 목전에 둔 신세가 되고 말았다.

거액의 빚을 졌고 3년에 걸친 강연 여행으로 겨우 변제할 수 있었다. 남들 앞에서 말하기를 좋아하는 트웨인이었지만 그렇게나 오랫동안 강연을 하는 것은 중노동이었을 것이다.

트웨인은 평생 아내에게 충실한 남편이었다. 늘 새로운 것에 흥미를 느끼는 호기심 많은 남자였지만, 여성에 관해서는 아주 의외였다.

"가정에서 사용하는 전화기로서는 세계 최초다!"

미국에서 개인용 전화기를 설치할 수 있게 된 것이 1877년이었는데, 트웨인이 그 소식에 바로 전화기를 설치하고는 자랑하며 했던 말이다. 또 《톰 소여의 모험》은 타자기로 친 최초의 소설이기도 했다. 전화기와 타자기는 미국에서 새로이 발명된 것들이었다. 어쩌면 기술적인 것들도 그에게 있어서는 '아메리칸 드림'을 이루기에 좋은 친구였던 것 같다.

트웨인은 자연을 존중하고 사회를 통렬히 풍자할 줄 알았으며, 노예제도와 전쟁을 반대하는 데에 목소리를 높였던 작가이기도 했다.

인간은 얼굴을 붉힐 수 있는 유일한 동물이다.
그리고 그리 해야만 하는 유일한 동물이기도 하다.

트웨인이 '인간이란 무엇인가'에 대한 답을 내리듯 자신의 작품에 썼던 문장이다.

나는 1835년 핼리 혜성과 함께 태어났다(1835년 핼리 혜성이 지구에 근접한 날로부터 2주 뒤에 태어남). 이제 내년에 핼리 혜성이 다시 온다. 나는 혜성과 함께 떠나고 싶다. 그렇지 못하면 내 인생 최대의 실망을 느낄 것 같다.

그가 바라던 대로 트웨인은 1910년 4월 21일, 핼리 혜성이 지구에 근접한 다음 날 심장마비로 세상을 떠났다.

"어떻게 말할까?" 하고
괴로울 땐 진실을 말하라.

**용기란
두려움에 대한 저항이고,
두려움의 정복이다.
두려움이 없는 게 아니다.**

20년 후, 당신은 했던 일보다
하지 않았던 일로 인해 실망할 것이다.
닻줄을 풀어라. 안전한 항구를 떠나 항해하라.
당신의 돛에 무역풍을 가득 담아라.
탐험하라. 꿈꾸라. 발견하라.

집필 중인 마크 트웨인, 1880

모험하라!
모험이야말로
삶을 삶이게 하는
가장 큰 보험이니.

좋은 책을 읽지 않는 사람은
책을 읽을 수 없는 사람보다
나을 바 없다.

마크 트웨인

○ 슬픔은 자연히 해결된다.
그러나 기쁨의 가치를
충분히 누리려면
기쁨을 함께 나눌 누군가가
필요하다.

노년의 마크 트웨인, 1907

○ 사람들에게 거짓을 믿게 하는 게 얼마나 쉬운가!
그리고 그 거짓을 다시 되돌리기란 또 얼마나 어려운가!
〈최면술사〉

○ 습관은 습관이다.
누구에게든 습관은 창밖으로
던져버릴 수 있는 것이 아니라
구슬려 한 번에 한 계단씩
내려오게 해야 하는 것이다.

《자서전》

○ 인류에게는 정말로 효과적인 무기가 있다.
바로 웃음이다.

Marcel Proust

마르셀 프루스트

프랑스 파리 1871 ~ 1922

잃어버린 나 자신을 만나다

1871년 7월 10일 프랑스 파리에서 태어난. 20세기 전반의 소설 중 질과 양에 있어서 모두 최고의 작품으로 일컬어지는 《잃어버린 시간을 찾아서》의 작가다. 유복한 가정에서 태어난 프루스트는 어린 시절부터 허약한 체질이었고, 평생 천식으로 인한 심각한 호흡기 질환에 시달렸다. 젊었을 때부터 귀족들의 살롱에 드나들었고, 거기서 그는 예술가들과 작가들을 만나며 사교계 딜레탕트로 유명세를 떨쳤다.

1907년부터 대작 《잃어버린 시간을 찾아서》를 쓰기 시작했으며, 《잃어버린 시간을 찾아서》의 2권에 해당하는 《꽃핀 소녀들의 그늘에서》로 1919년 공쿠르상을 받았다. 그 후 죽을 때까지 코르크로 둘러싼 방 안에서 죽음의 예감과 대결하면서 《잃어버린 시간을 찾아서》의 완성을 위해 수도자와 같은 생활을 계속했다. 1922년 11월 18일 폐렴으로 타계했다.

인간 내면의 모습을 의식의 흐름에 기대 저술한 프루스트의 기법은 이후 세계 문학의 흐름을 바꿔놓았다고 평가받는다. 또한 일생과 바꿀 대작을 남겼다는 점에서 작가로서의 영광과 비참을 모두 맛보았다고 할 수 있다.

대표작으로 《잃어버린 시간을 찾아서》가 있다.

●마음의 상처란 무엇일까?

 어린 시절의 경험이나 체험이 마음속에 깊은 상처로 남아, 그것에 죽을 때까지 영향을 받는 사람들이 있다. 그 상처 때문에 마음의 병에 걸리는 사람도 있고, 그 상처를 예술로 승화시켜 나가는 사람도 있다. 《잃어버린 시간을 찾아서》라는 대작을 쓴 마르셀 프루스트도 어린 시절에 얻은 마음의 상처를 끝까지 잊지 않은 사람 중 한 명이었다. 그가 받은 마음의 상처란 무엇이었을까?

 어린 프루스트는 잠자리에 들기 전, 매일 어머니로부터 굿나잇 키스를 받았고 그것을 대단히 좋아했다. 그런데 어느 날, 아무리 기다려도 어머니가 오질 않았다. 손님 접대로 분주했기 때문이었다. 시종을 불러 몇 번이고 어머니를 모셔 오라고 말했지만 소용이 없었다. 어머니에게 버림받았다고 생각한 나머지, 그는 이제 세상에 홀로 남았다며 비탄에 빠졌다.

 《잃어버린 시간을 찾아서》의 서두에 쓰인 에피소드이며, 또 《장 상퇴유》라는 자전적 소설에도 같은 이야기가 나온다. 프루스트가 이 상처에 얼마나 얽매였는지 잘 알 수 있는 대목이다.

●엄마를 떠나지 못하는 마마보이

 프루스트가 두 살이 되던 해, 남동생이 태어나 어머니의 사랑을 독점할 수 없게 된 것이 그에게 있어서 인생 최대의 불행이 됐다. 그가 살아온 인생을 보면 이것이 결코 과장이 아니라는 걸 잘 알 수 있다.

어린 시절 "새해 선물로 뭘 갖고 싶니?"라는 질문에 프루스트는 이렇게 대답했다. "어머니의 사랑을 갖고 싶어요."

열네 살 때는 "너에게 제일 불행한 일은 뭐야?"라는 친구의 물음에 "어머니랑 떨어져 있는 것"이라고 대답하기도 했다.

프루스트의 부모는 그가 서른 살을 넘긴 이후 잇달아 타계했다. 어머니가 타계했을 때 오랜 기간 어머니와 거주하던 아파트에서 나와 새 집으로 이사했다. 이때 프루스트는 "어머니가 전혀 모르는 곳에서는 살고 싶지 않다"며 이전에 어머니와 함께 와서 식사를 하던 곳 근처에 있는 아파트로 이사했다고 한다. 그는 언제까지고 어머니를 떠나지 못하는 '마마보이'였다.

프루스트가 흠모하는 여성은 늘 스무 살 이상의 연상이었다. 즉, 어머니와 비슷한 연령대의 명문가 기혼 여성들이었다. 그는 어머니를 대신해줄 사람을 갈구했던 것이다.

프루스트가 대단한 마마보이였다는 것을 드러내는 에피소드는 한두 가지가 아니다. 하루는 실수로 수면제를 과다 복용하여 목숨이 위태로웠던 적이 있었다. 그때 시종이 "주인어른과 저세상에서 다시 뵐 수 있겠지요?"라고 하자, "죽어서도 다시 만날 수 있을 거라고 정말로 믿고 있는 거냐? 정말로 어머니를 다시 만날 수만 있다면, 지금 당장이라도 죽어버릴 텐데"라고 말했다고 한다. 그의 나이 쉰을 넘긴 때였다.

프루스트가 병상에서 죽기 전 마지막으로 남긴 말도 어머니를 향한 과도한 사랑을 그대로 드러내는 것이었다. 그는 목숨이 다하기 직전, "어머니"라는 단 한 마디 말을 남기고 숨을 거두었다.

몸과 마음은 연결돼 서로에게 큰 영향을 미친다고 한다. 프루스트의 어머니를 향한 사랑은 그의 몸에도 지대한 영향을 미쳤다. 프루스트는 어릴 적부터 천식에 시달려 꽃향기를 맡을 수 없었다. 학자들은 그의 이러한 병이 어머니를 향한 과도한 의존증과 관련이 있다고 생각한다. 천식 발작이 시작되면 어머니가 그의 곁에 찰싹 달라붙어 간호해주었는데, 어머니의 사랑을 독차지하기 위해 지병을 이용했다는 것이다.

또 프루스트는 23세부터 다양한 남자들과 동성애적 관계를 맺었다고 전해지는데, 이것도 어머니를 향한 사랑이 복잡하게 굴절돼 발생한 하나의 결과라고 여겨진다.

● **밀실에서의 축제**

사람을 자립할 수 있도록 만들어주는 좋은 방법은 무얼까? 바로 '일'이다. 생활을 위해 일을 한다는 사실이 자신감을 키워주고, 사람다운 사람으로 만들어주는 것이다.

그러나 프루스트는 생활고라는 시련에서 늘 벗어나 있었고, 그 탓에 대단히 방종한 나날을 보냈다. 대학에서 법률과 문학을 전공한 그는 졸업한 후에 변호사가 되기 위해 견습생 노릇을 하기도 하고 도서관 사서로 일한 적도 있었다. 하지만 그 어느 것에도 흥미를 느끼지 못했고, 평생 제대로 된 직업을 갖지 못했다. 딱 한 번 결혼을 생각하기도 했으나, 결국 독신으로 파리의 사교계를 드나들며 방탕한 생활로 이름을 떨쳤다. 그는 자택에 많은 사람들을 불러 성대한 만찬을 주최하며 득의양양하게 굴었다.

프루스트는 유명한 의학자였던 아버지로부터 막대한 유산을 상속받은 덕분에 먹고살기 위한 직업은 필요하지 않았다. 매년 여름이 되면 피서지의 고급 호텔 최상층에 방을 다섯 개나 대절해서 살았고, 파리의 아파트에서 당시 평균적인 급료의 두 배나 주며 두 명의 시종을 거느리며 생활했다. 물론 두 배의 급료를 준 데는 이유가 있었다.

아침 8시쯤에 잠자리에 들어 오후 3시가 돼서야 기상하는 것이 프루스트의 습관이었는데, 언제나 종을 울리면 두 명의 시종 중 하나가 반드시 부름에 응하도록 돼 있었다. 한 명의 시종은 밤 9시 반에 자서 새벽 무렵에 일어나 커피를 끓였고, 다른 한 명의 시종은 새벽 4시 무렵까지 잠들지 않고 대기해야 했다.

이처럼 밤이 되면 활동을 시작하는 프루스트는 보통 사람과 정반대의 시간대에 생활하던 탓에 여러모로 힘든 점이 많았다. 특히 그가 막 잠이 들려고 하는 시간에 주변이 소란스러워진다는 것이 가장 컸다. 아파트 주민들이 아침을 시작하며 내는 소리, 시종들의 발자국 소리, 아파트 주변을 달리는 차들의 소음에 괴로울 수밖에 없었다. 결국 그는 외부 세계의 모든 소리를 차단하기 위해 서재 겸 침실 벽에 코르크로 된 판을 둘러버렸다. 창을 통해 외부의 풍경을 바라보는 일은 그에게 전혀 흥미 밖의 일이었다. 당연히 모든 창은 단단히 잠겼고 열리는 일이 없었다.

음악을 좋아하는 프루스트는 한밤중에 이 코르크로 둘러싼 밀실로 당시 유명하던 현악 사중주단을 불러 자신만을 위한 연주회를 벌이기도 했다. 평범한 연주회에서는 있을 수 없는 일이지만, 그는 마음에 드는 곡이 있으면 몇 번이고 반복해서 그 곡만 연주하게 했다. 물론 코르크를 둘러둔 탓에 음향 효과는 대단히 좋았다. 그렇게 밀실에서 연주회가 진행되는 동안 집 앞에는 네 대의 택시가 어둠 속에 파묻힌 채 대기해야 했다.

프루스트가 이 아파트를 떠났을 때, 코르크판은 포도주 병의 마개를 만드는 업자에게 헐값에 넘겨졌다고 한다.

● 잃어버린 자기 자신을 찾는 시간

1906년 부모를 여읜 정신적 충격에서 벗어나기 위해 프루스트는 좋아하던 사교계 출입도 그만두고 이 코르크로 둘러싼 밀실에 틀어박혀 《잃어버린 시간을 찾아서》를 쓰기 시작했다. 그러나 처음부터 그가 이렇게 장대한 이야기를 쓰겠다고 생각한 것은 아니었다.

불면증에 시달리던 프루스트는 침상에 누워 유년 시절에 받은 어머니의 영향, 학창 시절 즐거웠던 사랑의 추억, 그리고 사교계에서 만난 미녀 미남들과 벌인 갖가지 사건 사고들을 곱씹으며 하루하루를 보냈다. 그러던 어느 날, 프루스트는 자신의 일생을 뒤흔드는 결정적 사건을 경험한다. 그가 마흔 살이 된 1월, 눈길을 헤치고 집으로 돌아온 프루스트는 시종이 내민 홍차와 토스트를 입에 머금은 순간, 과거의 사건들이 단번에 되살아나는 느낌을 받게 된 것이다.

우리도 살면서 이와 비슷한 경험을 하곤 한다. 냄새에는 한순간에 과거를 재현하는 힘이 있기 때문이다. 스치듯 지나가는 냄새에 자극을 받아 잊고 있던 기억이 되살아나고, 무언가 대단히 그리우면서도 행복한 기분이 들곤 하는 경험을 누구나 한 번쯤은 겪었으리라. 추억이 갑자기 떠오르면 어째서 우리는 쾌감을 느끼고 행복해하는 것일까?

프루스트는 이에 대한 대답을 《잃어버린 시간을 찾아서》의 마지막 부분에서 기술하고 있다.

> 이로써 무의식적으로 마들렌의 맛을 느꼈던 순간에 내 자신의 죽음에 대한 불안이 멈춘 듯 생각됐던 이유도 알 만하다. 그때의 나라는 인간은 초시간적인 존재였으므로 미래의 무상도 걱정되지 않았던 것이다.

이렇게 프루스트는 잃어버린 시간을 찾기 위해 소설을 쓰기 시작했다. 나태하게 보냈던 시간들이 결코 무의미한 것이 아니었다고 스스로에게 되뇌며.

잃어버린 시간이라는 것은 결국 잃어버린 자기 자신 아니었을까. 자기 자신을 되찾게 됨으로써 '마마보이'였던 프루스트가 한 사람의 독립한 남자로 존재할 수 있게 된 건 아니었을까.

○ 어머니는 20년의 세월 동안
한 소년을 사나이로 키워낸다.
그리고 나면 다른 여자가
나타나 그 사나이를 20분 만에
바보로 만들어버린다.

어머니 잔 프루스트, 1904

○ 단 하나의 진정한 여행은
새로운 풍경을 찾는 것이 아니라
새로운 눈으로 보는 것이다.

○ 너를 행복하게 하는
사람에게 감사하라.
그들은 네 영혼을 꽃피게
하는 정원사이니.

○ 지혜란 받는 것이 아니다.
우리는 그 누구도 대신해줄 수 없는
여행을 한 후 스스로 지혜를 발견해야 한다.

열망은 모든 것을 꽃피게 하지만,
소유는 모든 것을 시들고 스러지게 한다.

우정은 독서 속에서 돌연 본래의 순수성을 되찾는다.
책과 나누는 우정에는 상냥한 말이 필요 없다.
이 친구들과 우리가 저녁 시간을 같이 보내는 건
정말 그러고 싶기 때문이다.
적어도 우리는 그들과 헤어지는 걸 대단히 아쉬워한다.

고통은 그것을
철저히 경험함으로써만
치유된다.

이로써 무의식적으로
마들렌의 맛을 느꼈던 순간에
내 자신의 죽음에 대한
불안이 멈춘 듯 생각됐던
이유도 알 만하다. 그때의
나라는 인간은 초시간적인
존재였으므로 미래의 무상도
걱정되지 않았던 것이다.

《잃어버린 시간을 찾아서》

동생 로베르와 마르셀 프루스트, 1876

Marcel Proust

Sylvia Plath

실비아 플라스
미국 보스턴 1932 ~ 영국 런던 1963

천재는 불행을 먹고 사는 존재인가

1932년 미국 매사추세츠에서 보스턴대학교의 생물학 교수이자 땅벌 연구의 권위자였던 아버지 오토 플라스의 딸로 태어난, 미국의 시인이자 소설가다. 여덟 살 때 직접 쓴 시가 〈보스턴 헤럴드〉에 실릴 정도로 뛰어난 재능을 보였으나, 이 시기에 일어난 아버지의 죽음이 플라스의 삶에 지울 수 없는 상흔이 됐다.

열여덟 살에 스미스대학교에 입학해 문학을 공부했으며, 졸업 후 영국으로 유학을 떠나 케임브리지대학교에 입학했다. 유학 당시 만난 시인 테드 휴스와 결혼했으며 모교인 스미스대학교에서 2년간 강의하기도 했다. 스물여덟 살에 다시 영국으로 돌아갔고 딸 프리다를 출산했다. 이 무렵 첫 번째 시집인 《거상》을 발표했다. 2년 후 아들 니콜라스까지 낳았으나 남편 휴스의 불륜 사실을 알고 이혼했다. 별거 상태에서 대표작인 〈아빠〉와 〈라자루스 부인〉 등 많은 시를 창작했으며, 빅토리아 루카스라는 필명으로 자전적 소설 《벨 자》를 출간하기도 했다.

외형적으로는 혼자 힘으로 아이들을 키우며 창작 생활을 이어나갔으나, 내면적으로는 생활고와 우울증으로 힘든 삶을 살았다. 결국 1963년 서른한 살의 나이로 가스오븐에 머리를 박고 자살했다. 이렇게 천재 여성 시인 실비아 플라스는 참혹한 비극으로 삶을 마감했다. 사망한 후 시집 《에어리얼》 《호수를 건너며》 《겨울나무》가 출간됐으며, 《실비아 플라스 시 전집》은 휴스가 엮어 출간했다. 《실비아 플라스 시 전집》은 작가의 사후에 출간된 책 중 퓰리처상을 수상한 시 부문 최초이자 유일한 책이다.

대표작으로 자전소설 《벨 자》, 사후 출간된 《실비아 플라스 시 전집》 등이 있다.

●불행은 늘 천재 곁에 머물고

 흔히 천재라 하면 선천적으로 남들보다 훨씬 뛰어난 재주나 재능을 지닌 사람을 일컫는다. 즉, 남들과는 다른 재능과 감수성으로 세상에 빛을 뿌리는 사람이라는 뜻이다. 그리고 남들과는 다른 예민함으로 이따금 광기와 불안, 분노를 표출하기도 한다. 이 천재성은 또한 세상과 자기 자신에 대한 분노를 예술의 경지로 표현해내기도 한다. 어쩌면 세상의 혼돈 속에서 지적이고 명석한 두뇌는 분노로 표현되고, 그 분노는 일반인의 시선에서는 도저히 이해할 수 없는 광기쯤으로 여겨질지도 모르겠다. 우리가 살고 있는 이 세상은 대단히 부조리하고 일반인이 아닌 이들에게 지나치게 가혹하기 때문이다.

 이 천재성으로 모든 것을 태워버릴 듯 강렬한 불꽃을 이 세상에 피워낸 천재적인 시인이자 소설가가 있었다. 바로 삶이 주는 부조리함에 억눌려 스스로 목숨을 끊은 불행한 천재, 실비아 플라스다.

 플라스는 보스턴대학교의 생물학 교수인 아버지와 고등학교 교사였던 어머니 사이에서 태어났다. 유복한 가정에서 총명함과 문학적 감수성을 싹 틔우며 행복한 유년 시절을 보냈다. 그러나 당뇨병을 앓던 아버지의 죽음을 목격한 여덟 살 이후, 그녀의 삶에는 죽음과 우울이 그림자처럼 달라붙어 다녔다. 천재의 감수성은 불행한 일에도 동일하게 적용되는 것인가. 아버지의 죽음에 큰 충격을 받은 플라스는 이듬해 아홉 살의 어린 나이에 자살을 시도했고, 이 시도는 그녀의 생애에 걸쳐 하나의 의식처럼 반복됐다.

외형적으로 보면, 홀로 된 어머니 아래에서 모범적인 청소년 시기를 보내는 듯했다. 모든 과목에서 A를 받았고, 스미스대학교에는 장학금을 받으며 입학했다. 많은 시인의 시를 읽고 기록하며 십 대 때 이미 400여 편에 이르는 시를 습작했다. 대학교에 입학한 지 3년 만에 단편소설이 잡지에 실리면서 여름방학에는 해당 잡지사에서 인턴으로 일하기도 했다.

하지만 불행은 늘 곁에 머물며 가장 행복할 때를 노려 파고들었다.

● 격정적인 사랑이여, 영원하길

뉴욕에서의 잡지사 인턴 생활은 플라스를 지치게 했다. 잡지사에서 요구하는 글은 그녀가 추구하던 것과는 달랐고, 삭막한 도시 생활도 적응하기 힘들었다. 회사의 동료들 또한 돈과 성공에 눈 먼 사람들 같았고, 그들의 경박함과 추악한 욕망은 플라스를 괴롭게 만들었다.

플라스의 정신은 다시 찾아온 우울증에 침식됐고, 결국 그녀는 수면제 한 병을 전부 삼키고 자살을 시도했다. 사흘 만에 발견된 그녀의 상태는 그야말로 엉망진창이었다. 그녀는 정신병원에 입원해 전기 충격 요법과 심리 상담 등의 치료를 받아야 했다.

우여곡절 끝에 학교로 돌아온 플라스는 겉보기엔 상처를 잊은

듯 보였다. 그녀의 학업 태도와 명석한 두뇌에는 아무런 변화가 없었다. 스미스대학교를 수석으로 졸업하고 장학금을 받으며 런던의 케임브리지대학교에 입학했다.

게다가 유학을 온 케임브리지대학교에서 열린 한 파티에서 자신과 마찬가지로 시인이 되고자 애쓰는 잘생긴 청년 테드 휴스를 만났다. 두 사람은 첫눈에 반했다. 이제야 플라스의 천재성이 마음껏 발휘되며 인생의 행복을 만끽하는 것처럼 보였다.

"그는 나를 어루만지며 내 귀걸이와 헤어밴드를 낚아챘다. 그가 내 목덜미에 키스할 때 나도 그의 뺨을 세차게 물어뜯었다."

플라스는 휴스와의 첫 만남을 자신의 일기장에 이렇게 썼다. 이 얼마나 격정적인 만남인가.

두 사람은 뜨거운 사랑에 빠졌고, 만난 지 4개월 만에 결혼식을 올렸다. 서로를 향한 감정에는 사랑과 문학도로서의 존경심이 함께 존재했다. 두 사람의 앞날엔 이렇게 행복한 나날만이 존재하는 듯 보였다.

휴스와의 결혼 생활은 인간 플라스와 시인 플라스를 모두 충족시켜주는 듯했다. 있는 그대로의 자신을 사랑해주는 남편에게 플라스는 무한한 애정을 느꼈다. 그녀는 남편 휴스를 단 하나의 사랑으로 여기며 깊은 만족감을 느꼈고, 이것은 또 왕성한 창작 욕구로도 이어졌다. 첫 아이인 프리다를 임신 중인 상태에서 출판 계약을 체결한 그녀는 프리다를 출산한 후 첫 시집 《거상》을 세상에 내놓았다.

하지만 첫 시집 《빗속의 매》부터 세간의 주목을 받으며 승승

장구하던 남편 휴스와는 달리 플라스의 시집은 그리 좋은 반응을 얻지 못했다. 남편을 향한 존경심은 동시에 동료 시인에 대한 질투로 변하기도 했다.

●불길은 서서히 사그라지고

어쨌든 사회가 바라보는 플라스의 삶은 '성공적인 여자'의 삶이었다. 장학금을 받으며 입학한 대학을 수석으로 졸업했고, 열렬한 연애 끝에 멋진 남편과 결혼에 성공했고, 예쁜 아이를 낳아 잘 기르고 있는 '성공적인 여자'였다. 하지만 그런 시선과는 반대로 인간 플라스는 점차 죽어가고 있었다. 문학을 향한 열정도 남편을 향한 애정도 그녀에게 제대로 답을 주지 않았다. 그녀의 시는 제대로 평가받지 못했으며, 그토록 사랑한 남편은 외도를 했다. 세상은 그녀에게 배신이라는 차가운 답을 준 셈이다.

플라스는 두 번째 아이 니콜라스를 출산한 후 남편의 외도 사실을 알게 됐고, 결국 남편의 곁을 떠나 아이들을 데리고 런던으로 돌아왔다. 플라스도 알고 지냈던 애시어 웨빌과 1년이나 부정을 저지른 남편은 지난 결혼 생활 전체를 짓밟은 증오의 대상이 되어버렸다. 좋은 아내로서의 삶을 살고자 했던 그녀를 증오와 고통이 불태웠고, 모든 것이 타버리고 남은 것은 시인으로서의 플라스뿐이었다.

플라스는 남편과 별거 상태에 들어간 후 한 달 사이에 무려 26편의 시를 써내려갔다. 이듬해에는 빅토리아 루카스라는 필명으로 소설 《벨 자》를 출간하기도 했다. 그녀의 대표적인 작품으로 알려진 〈아빠〉도 이 시기에 쓰였다. 이 시에서 그녀는 자신이 사랑했던 아빠, 그 아빠와 동일시했던 남편, 그 모두에게 배신을 당한 분노를 표출하며 그 관계의 단절을 선언한다.

플라스의 시는 배신을 향한 단순한 분노가 아니라, 좋은 아내로서 살아야 했던 지난날에서 벗어나고자 하는 외침처럼 들린다. 분노하기 위해서는 힘이 필요한 법이다. 그녀는 힘을 내서 과거를 청산하고 앞으로 나아가고자 했다.

● 끝을 향해 나아가다

강추위가 기승을 부리는 런던에서 플라스는 낮에는 아이들을 돌보고 밤이 되면 남편과 자신의 삶을 저주하며 시를 썼다. 그러던 중 생활고와 아이들의 잔병치레가 닥쳐왔고, 그녀의 전 생애에 걸쳐 반복돼온 자살 충동이 그 사이를 비집고 다시 덮쳐왔다.

우울증은 심해질 대로 심해져 플라스의 정신을 갉아대기 시작했고, 지난날의 악연에 분노할 힘마저 사라진 그녀의 내면은 사그라지는 불꽃과도 같았다.

1963년 2월 11일, 아이들이 잠들어 있는 침대 옆에 우유와 쿠키를 놓아둔 플라스는 밖으로 나와 아이들의 방문에 테이프를 꼼꼼하게 붙였다. 그러고는 수면제를 먹은 후 부엌의 가스오븐에 머리를 넣고 가스를 틀어 자살을 시도했다. 그리고 그녀의 삶에서 내내 반복됐으나 성공하지 못했던 시도가 이번에는 결국 성공하고 말았다.

아이러니하게도 살아 있는 동안 큰 주목을 받지 못했던 플라스는 죽음으로 자신의 존재를 증명했다. 그녀는 1960년대 여성해방운동의 상징이 됐고, 그녀의 자살은 신화가 됐다. 그리고 그녀를 자살로 몰아넣은 테드 휴스는 여성 억압의 대표적인 인물이 됐다.

그러나 플라스는 이런 것을 바라진 않았을 것이다. 그녀가 바란 것은 단지 시인 실비아 플라스로서 독자들과 만나는 것 아니었을까. 그녀의 그런 바람이 죽은 후 남편에 의해 발간된 《실비아 플라스 시 전집》으로 인해 실현됐다는 아이러니가 플라스의 삶을 말해주는 것만 같아 씁쓸하기만 하다.

건전한 자제력을 넘어 스스로에게 너그럽고 친절해지면 좋겠다. 너는 나무나 별과 마찬가지로 우주의 자식이란다. 이곳에 존재할 권리가 있어.

플라스의 어머니가 그녀에게 보낸 편지의 내용이다. 어머니의 말처럼 그녀가 '우주의 자식'이 되어 존재의 권리를 행복하게 누렸으면 어땠을까.

◦ 중요한 것은 바로
  지금이라는 사실을
  기억하고 또 기억하라.
  지금 살고 지금 느끼고
  지금에 집중하라.

남편 테드 휴스와 함께

◦ 너무도 많은 이들이 마치 상자처럼
  닫힌 자신들 속에 꽁꽁 갇혀 있다.
  하지만 관심을 가져주면 그네들은
  아주 경이롭게 자신들을 열고
  내보이기도 한다.

◦ 당신을 향한 내 사랑은
  동사보다도 더 움직임이 있다.

◦ **창의성의 가장 큰 적은 자기 의심이다.**

도저히 글로 옮기기가 어려운 일들이 있다. 어떤 일을 겪은 뒤 그 경험을 글로 옮기려고 하면, 극적으로 미화하게 되거나 실제 경험에 턱없이 못 미치는 묘사를 하게 되거나, 어쨌든 늘 사소한 부분은 부풀리고 중요한 것은 무시하게 되곤 한다. 아무튼 마음먹은 대로 글이 술술 써지는 일은 결코 없다.

플라스의 일기 중에서

나는 깊이 숨을 쉬고, 예전 같은 심장 박동 소리에 귀 기울였다. 나는 살아 있다. 나는 살아 있다. 나는 살아 있다.

우리가 모든 것을 원한다는 것을 알게 된다는 것은, 우리가 그 무엇도 원하지 않을 위험에 처해 있다는 것을 의미한다.

〈라이프〉지에 실린 실비아 플라스

Francis Scott Key Fitzgerald
F. 스콧 피츠제럴드

미국 세인트폴 1896 ~ 미국 로스앤젤레스 1940

과연 '실패자'라고 불러야 할까

1896년 미국 미네소타주의 세인트폴에서 태어난, 20세기 초 '잃어버린 세대'를 대표하는 미국의 소설가다. 프린스턴대학에 입학한 후, 고등학교 시절부터 열망했던 미식축구 선수가 되고자 했던 꿈을 부상으로 포기했다. 프린스턴대학을 중퇴하고 육군 소위로 입대했으나 제1차 세계대전이 종전되는 바람에 전선에 배치되진 않았다. 전쟁에서 목숨을 잃기 전에 작품을 남기겠다며 썼던 글을 다듬어 출간한 작품이 피츠제럴드의 첫 작품 《낙원의 이쪽》이다. 출판사에 투고한 이 소설이 큰 인기를 얻게 되자, 본격적으로 소설가로 활동하기 시작했다. 소설의 성공으로 경제적인 여유를 얻은 그는 자신의 프러포즈를 거절했던 젤다 세이어와 결혼했다.

소설의 성공으로 사교계의 유명인사가 된 피츠제럴드는 미국과 프랑스를 오가며 향락적인 생활을 이어갔다. 1920년대의 시대상이 잘 드러난 피츠제럴드의 작품은 그를 '재즈 시대' 문학의 기수로 만들었다. 특히 걸작 《위대한 개츠비》는 그를 시대 최고의 '문학적 천재'라고 칭송받게 했다. 그러나 미국 대공황이 시작되고, 그의 창작력도 함께 쇠퇴하며 경제적 불안을 겪었다. 할리우드에서 시나리오를 쓰기도 했지만 큰 성과를 거두지는 못했다. 1940년 알코올중독과 병고에 시달리며 《마지막 거물》을 집필하던 도중 당시 애인이었던 실라 그레이엄의 집에서 심장마비로 사망했다. 《마지막 거물》은 그의 사후에 친구 윌슨과 에드먼드의 편집으로 출판된 것이다.

대표작으로 《낙원의 이쪽》 〈벤자민 버튼의 시간은 거꾸로 간다〉 《위대한 개츠비》 《밤은 부드러워》 《마지막 거물》 등이 있다.

●소원 세 가지를 너무 빨리 이룬 사나이

갑자기 하얀 수염을 길게 늘어트린 신령님이 나타나 소원 세 가지를 말하라고 한다면 뭐라고 해야 할까? 더구나 소원 세 가지를 모두 즉석에서 들어준다고 하면? 바로 대답하지 못하고 시간을 좀 달라며 망설일 것이다. 지금 당장 말하라고 하면, 사람마다 말하는 소원은 각기 다르겠지만 먼저 '돈'을, 그다음 '명예나 출세'에 관한 것을, 그리고 '사랑' 특히 '이상형'에 대해서 말하지 않을까. 물론 사람마다 또 각자의 사정에 따라 소원은 다르겠지만, 사람이 세상을 살면서 가장 이루고 싶은 것이 이 세 가지가 아닐까 싶다. 그리고 이 세 가지만큼 우리 생활에 활기를 주고, 열정을 쏟으며 덤벼들게 하는 것도 그리 많지 않을 것이다.

이 세 가지 소원을 신이 들어준 것이 아닌 스스로 젊은 시절에 다 이뤄낸 작가가 있다. 바로 《위대한 개츠비》를 쓴 F. 스콧 피츠제럴드다. 그는 이 세 가지 소원을 젊은 시절에 다 이뤄내며 영광을 만끽했다. 물론 모든 것을 한순간의 영화榮華로 남기고 잃고 말았지만. 피츠제럴드는 이렇듯 영화에서나 나올 법한 삶을 살다간 비극의 주인공 중 하나였다.

●미식축구 선수가 되는 대신 써내려간 소설

사람이면 누구나 다 유명해지고 싶어 한다. 피츠제럴드가 제일 먼저 되고 싶었던 것은 스포츠 스타, 그것도 미국에서 제일 인기 있는 미식축구 선수였다. 예나 지금이나 스포츠 스타가 되고 싶은 것은 많은 젊은이들이 꾸는 꿈인가 보다. 피츠제럴드는 고등학교 시절 육상대회에서 우승한 적이 있을 만큼 스포츠에 재능이 있었다. 집 뒷마당에 태클 연습용 인형을 따로 두고 연습할 정도로 미식축구에 빠져 있었지만, 프린스턴대학에 입학하고 연습을 하던 중 발목을 다치는 바람에 선수의 꿈을 포기해야 했다.

이 일로 학업을 등한시하던 피츠제럴드는 결국 대학을 중퇴하고, 제1차 세계대전이 한창일 때 군에 입대했다. 육군 소위가 된 피츠제럴드는 사교 클럽의 구석진 자리에서 소설 쓰기를 했는데, 그 시기에 만난 여인이 바로 젤다 세이어라는 아름다운 여성이었다. "어느 날, 마치 수면 위를 떠다니던 두 개의 유목流木처럼 두 사람은 우연히 만나 하나가 됐다. 그리고 얽힌 채로 하나가 돼 급류를 떠내려갔다." 두 사람의 만남을 표현한 피츠제럴드의 〈사랑의 앙금〉이라는 단편소설 속 구절이다. 하지만 두 사람은 소설처럼 그렇게 간단히 하나가 되지 못했다.

지금도 그렇지만 그 당시는 특히 결혼이라는 대업을 달성하기 위해서 남자에게 반드시 필요한 것이 경제력이었다. 피츠제럴드에게 프러포즈를 받은 젤다는 자신을 부양할 준비가 갖춰지지 않으면 결혼할 수 없다고 답하며 그의 프러포즈를 거절했다.

제1차 세계대전이 끝나는 바람에 전장의 흙 한 번 밟지 못하고 제대한 피츠제럴드는 광고회사에 들어갔지만 곧 그만두고 소설 집필에 전념했다. 소원 세 가지, 돈과 명예 그리고 사랑을 위해서였다. 하지만 좀처럼 작품을 출간해주겠다는 출판사는 나타나지 않았다. 낙담하여 술로 시간을 보내고 있던 어느 날 편지 한 통이 그에게 도착했다. 심혈을 기울여 완성한 장편소설《낙원의 이쪽》을 출간하자는 소식이었다. 이 소식을 접한 피츠제럴드는 그대로 거리로 달려 나가 지나가는 차를 세우고 자신의 성공을 자랑했다고 한다. 그가 얼마나 열망했고, 그 기쁨이 얼마나 큰지를 알 수 있는 에피소드다.

●인생의 봄날은 계속되지만

스물세 살의 피츠제럴드는 첫 작품이 출간되고 성공을 거두면서 꿈에 그리던 여인 젤다와 결혼했다. 첫 작품 다음으로 단편소설 여러 편을 엮은 소설집을 내자는 출판사의 제안에 따라 작품 활동도 왕성하게 이어갔다. 그야말로 베스트셀러 작가가 된 그는 특유의 감수성으로 당시 젊은이들의 화려하고 자유분방한 삶을 그려냈다. 이는 당대의 공감을 불러 일으켰고, 1920년대 미국 문학의 새로운 흐름이었던 '잃어버린 세대'의 기수로 칭송받으며 승승장구했다.

인기가 있으면 수입도 급증하는 법. 이전까지 9백 달러에도 미치지 못했던 연 수입이 1년 사이에 그 스무 배인 1만 8천 달러나 됐고, 해를 거듭할수록 수입은 더욱 늘어났다. 피츠제럴드는 이렇게 돈과 명예와 사랑을 손에 넣었지만, 그 이후부터가 문제였다. 인간이면 누구나 하게 되는 고민, 바로 '원하던 것을 모두 이룬 다음에는 어떻게 살아야 하는가?'에 부딪친 것이다. 피츠제럴드는 후에 당시를 되돌아보며, "바라던 모든 것을 손에 넣은 다음에는 이 이상 행복해질 수 없다는 사실을 깨달았다"고 말한 적이 있다.

돈과 인기를 얻게 된 피츠제럴드 부부는 파티에서 시작해 파티로 끝나는, 말 그대로 흥청망청한 나날을 보내기 시작했다. 걸작 《위대한 개츠비》에는 오케스트라를 불러다 큰 파티를 벌이는 모습이 나오는데, 실제로 두 사람은 그런 호화스러운 파티를 좋아했다. 젤다는 집안일에는 관심이 없었고, 경제관념 또한 마찬가지였다. 그녀의 장점이라면 아름다운 외모와 밝은 성격뿐이었다. 피츠제럴드는 "나는 회오리바람과 결혼했다"고 말하기도 했다. 그의 말처럼 두 사람은 회오리바람 속에서 인생의 봄날을 즐기고 있었던 것이다.

한 사람이 사치스러우면 다른 한 사람이라도 절제해야 했지만 이 부부는 그렇지 않았다. 두 사람 모두 남의 눈에 띄고 싶어 했고, 전설처럼 전해지는 그들의 기행도 결국 그것이 원인이었던 듯싶다. 전해지는 바에 따르면, 피츠제럴드는 달리는 택시 지붕에 올라타거나 공원의 분수대에 뛰어들기도 했다고 한다. 그뿐인가. 호텔 로비에서 물구나무를 서고, 상영 중인 극장에서 옷을 모두 벗어던진 끝에 끌려 나가고, 저녁식사 자리에서 테이블 아래를 기어 다니고, 스프를 포크로 떠먹는 등의 어린애 같은 기행을 일삼았다고 한다.

인생사 모두가 그렇듯 이런 일들이 언제까지나 지속될 수는 없는 법이다. 《위대한 개츠비》를 완성할 때까지가 피츠제럴드 인생의 봄날이었다면, 머지않아 모든 것을 얼려버리는 겨울이 어김없이 그의 곁을 찾아오고 있었다.

● '실패자'라는 이름으로 아로새겨진 인기 작가

피츠제럴드의 소설 중 그가 대학생이었던 시절 썼다는 작품이 있다. 그 소설의 내용은 이렇다. 한 작가가 헤어진 연인을 되찾는 데에는 성공하지만 나이를 먹어감에 따라 창작욕을 잃기 시작하여 골프에만 빠져 지낸다. 즉, 안락하지만 지루한 여생을 보낸다는 내용이다. 예언이라도 되는 듯 피츠제럴드 자신 또한 이 작품 속의 주인공과 똑같은 상황을 맞이하게 된다. 아니, 더 나쁜 상황을 맞이했다고 해야 맞을 것 같다.

피츠제럴드에게 찾아온 첫 번째 나쁜 상황은 1929년의 대공황이었다. 호황기였던 1920년대의 미국은 알코올 중독이 아니더라도 일주일에 사나흘은 흥청망청 지내는 일이 보통이었다. 그 좋았던 시절은 대공황이 찾아오자 끝을 알 수 없는 불경기의 나락으로 떨어지고 말았고, 피츠제럴드가 그려내는 세계는 과거의 향수가 되어버렸다.

그다음으로 찾아온 것은 아내 젤다의 병이었다. 신경쇠약 증세를 보이던 젤다의 병은 점점 더 심해져 정신병원을 들락날락거리게 됐고 젤다는 끝내 낫지 못했다. 무엇보다 제일 큰 문제는 피츠제럴드 자신의 창작력이 쇠퇴해가고 있다는 점이었다. 어느새 시대의 흐름을 따라잡지 못하는 퇴물 작가가 되어버렸다.

예나 지금이나 시대의 흐름에 뒤처진 작가의 작품은 시대가 극변하면 그 순간부터 팔리지 않게 되는 법이다. 피츠제럴드가 쓴 소설은 출판사로부터 냉대를 받기 시작했고, 예전의 유명세는 단숨에 사라져버렸다. 시대는 이미 '로스트제너레이션'의 인기 작가를 받아들이는 단계를 넘어섰던 것이다. 이렇게 되자 수입은 격감했고 빚이 빚을 부르는 생활이 시작됐다. 창작력의 쇠퇴는 그가 마시는 술의 양을 늘렸고, 결국 알코올 중독자가 되어버렸다. 결국 그런 작가들의 무덤이라 불리는 할리우드의 영화 시나리오 작가가 되기에 이르렀다. 너무 이른 나이에 이뤄낸 성공은 10년도 채 지나기 전에 물거품처럼 사라졌고, 그 이후로는 모든 것이 무너져 내리기만 하는 나날의 연속이었다.

피츠제럴드는 인기 작가가 되고 돈과 명예를 다 얻기 전, "실패자, 그게 나의 이름이었다"라는 (자신을 분석하는) 말을 했다고 한다. 자신의 말처럼 거품이 꺼지고 난 이후 남은 것은 아무것도 없었다. 사랑하는 아내도 돈도 명예도 다 사라져버리고 '실패자'란 이름뿐이었다. 어쩐지 피츠제럴드의 인생은 한 편의 동화를 닮은 것 같다. 그리고 꿈을 모두 이루는 것이 반드시 좋은 것만은 아닐지도 모르겠다는 생각이 들기도 한다.

피츠제럴드의 삶은 실패라 해도 무방할지 모르겠지만, 그의 대표작 《위대한 개츠비》는 20세기의 가장 위대한 미국 소설로 손꼽히며 영화, TV드라마, 연극, 오페라, 음악, 게임 등 수많은 장르로 재창조되고 있다.

이 세상에는 온갖 종류의 사랑이 있지만
똑같은 사랑은 두 번 다시없을 것이다.

최고 수준의 지성을 판단하는 기준은
서로 상반된 생각을 하면서도
동시에 소임을 다하는 능력을 유지하는 데 있다.

한 번의 실패와
영원한 실패를
혼동하지 말라.

**그 꿈을 이룬 곳,
그렇게 오른 산의 정상에서
어떤 풍경을 만나게 될지는
아무도 모른다.**

나는 내 삶을 살고 싶다.
그래서 나의 밤은 후회로 가득하다.

F. 스콧 피츠제럴드와 젤다 피츠제럴드의 무덤

나에게 영웅을 보여라,
비극을 써줄 테니.

○ 누군가 비판하고 싶을 때면
언제나 이 점을 명심하여라.
이 세상 사람이 다 너처럼
유리한 입장에 놓여 있지
않다는 것을.
《위대한 개츠비》

젤다 피츠제럴드, 1917

○ **잊는 것은
결국 용서하는 것이다.**

○ 이렇게 우리는 물살에 휩쓸려
과거로 떠내려가면서도
노 젓기를 포기하지 않는 것이다.
《위대한 개츠비》

○ 어느 날, 수면 위를 떠다니던 두 개의 유목처럼
두 사람은 우연히 만나 하나가 됐다.
그리고 얽힌 채로 하나가 돼 급류를 떠내려갔다.
〈사랑의 양금〉

Francis Scott Key Fitzgerald

Ernest Miller Hemingway

어니스트 헤밍웨이

미국 오크파크 1899 ~ 미국 케첨 1961

'남자다움'이란 무엇인가?

1899년 7월 21일, 미국 중서부 일리노이주 시카고 교외에 있는 오크파크라는 마을에서 의사인 아버지와 예술을 사랑하는 어머니 사이의 6남매 중 둘째이자 장남으로 태어났다. 어렸을 때 어머니 때문에 자주 여장을 했다. 그런 이유로 어머니와는 평생 사이가 좋지 않았고, 대신 사냥꾼 기질을 가진 강인하고 조용한 남자의 표본인 아버지를 평생 존경하며 자신의 롤모델로 삼았다.

지방신문인 〈캔자스 시티 스타〉지의 인턴 기자로 일했으며, 캐나다 토론토에서 〈토론토 스타〉지의 특파원이 되어 그리스-터키전쟁을 보도하기도 했다. 행동파 작가로 칭송받으며 스페인내전과 제1차 세계대전에 적극 참여했다. 적극적인 주인공이 등장하는 소설 《누구를 위하여 종은 울리나》《무기여 잘 있거라》 등에는 그런 경험이 잘 녹아 있다. 제1차 세계대전 이후 파리에 체류하며 스콧 피츠제럴드, 거트루드 스타인, 에즈라 파운드 등의 미국 작가들과 교류했다. 1923년 《세 편의 단편과 열 편의 시》를 시작으로 《우리들의 시대에》《봄의 급류》《태양은 다시 떠오른다》를 연이어 발표했다. 1927년 첫 아내인 해들리 리처드슨과 이혼한 뒤 폴린 파이퍼와 재혼했다. 그러나 헤밍웨이가 스페인내전에서 해외 특파원 생활을 끝내고 돌아온 후 이혼했다. 그 후 스페인내전의 경험을 바탕으로 1940년 《누구를 위하여 종은 울리나》를 발표했다. 같은 해 세 번째 아내인 마사 겔혼을 만나 결혼하지만, 제2차 세계대전 도중 런던에서 메리 웰시를 만난 후에 이혼했다. 헤밍웨이는 노르망디상륙작전과 파리해방전투에도 참여했다. 1952년에 출간된 《노인과 바다》로 퓰리처상과 노벨문학상을 수상한 이후 아프리카의 사파리로 떠났다. 그곳에서 두 차례의 비행기 사고를 당한 후 신경쇠약과 우울증에 시달리다가 1961년 여름, 아이다호 케첨의 자택에서 자살로 생을 마감했다.

대표작으로는 《봄의 급류》《무기여 잘 있거라》《누구를 위하여 종은 울리나》《강을 건너 숲속으로》《노인과 바다》《개울 속의 섬들》《에덴의 정원》 등이 있다.

●여자처럼 살아야 했던 '남자'

남자라면 누구나 한 번쯤은 '남자아이니까 울면 안 돼'라는 소리를 들으며 자랐을 것이다. 그렇지만 '다른 아이들을 울려선 안 돼'라는 소리를 들으며 자란 아이는 그보다 적을 것이다. 누군가는 어릴 때부터 친구들을 울리고 싸움도 하며 자라는 편이 인격 형성에 좋은 영향을 끼친다고 말한다. 그런 아이들은 자라서 자신의 완력이나 남자다움을 일부러 과시할 필요가 없기 때문이라는 것이다. 한편 그런 사람들과는 정반대로 어른이 된 이후로 무턱대고 자신의 남자다움을 과시하고 싶어 하는 남자들이 있다. 어니스트 헤밍웨이가 그런 남자들의 전형이라고 할 수 있다.

수염을 기르고 건장해 보이는 말년의 이미지에서는 도저히 연상할 수 없는 일이기는 하나, 헤밍웨이는 어릴 적 두 살 위 누나와 함께 여자아이의 옷을 입고 여자아이처럼 머리도 길게 길러 꾸며야 했다. 여자아이처럼 키워진 것이다.

헤밍웨이는 자신의 소년 시절 이야기가 나오는 것을 극도로 꺼렸으며, 어머니에게 그 어떤 매체와도 인터뷰하지 말 것을 강력히 일렀다. 여자아이로 키워진 과거가 드러나지 않기를 바랐기 때문이다. 여장을 하던 소년 시절에 대한 트라우마와 자신을 강제로 여장시킨 어머니를 향한 반항이 그의 마음속 깊은 곳에 자리 잡았다. 많은 심리학자들은 극기주의와 하드보일드 스타일, 강인한 남성상을 과시하는 그의 문학 세계와 생애가 이런 것에서 시작된 것이 아닐까, 하고 추측한다.

● 여자를 버리는 '남자'

　헤밍웨이는 여러 형태로 남자다움을 표현하고자 애썼다. 생애 총 네 번 결혼했는데, 그것은 부인이나 애인의 수가 남성다움을 과시하는 지표라 생각했기 때문이다. 헤밍웨이는 "나의 일생에서 진실로 보람 있는 일은 사냥과 집필, 그리고 여자와 자는 것"이라고 말하며 얼마나 많은 여자를 정복해왔는지 자랑하기도 했다. 허풍이 좀 섞이긴 했겠으나, 그는 그런 무용담을 늘어놓기를 좋아하는 종류의 남자였다.

　첫 아내인 해들리 리처드슨과 결혼한 것은 헤밍웨이가 스물두 살 때의 일이다. 결혼 생활은 6년간 이어졌다. 그러나 이혼하기 2년 전부터 두 번째 아내인 폴린 파이퍼와 알고 지냈으며, 해들리와 이혼한 지 4개월 만에 폴린과 재혼했다. 해들리와 이혼한 것은 순전히 폴린과 재혼하기 위함이었다. 폴린과의 결혼은 3년 6개월 동안 이어졌으며, 세 번째 아내인 마사 겔혼과는 5년 1개월 후 이혼했다. 그의 이 '기혼 기간'에는 사실 예전 아내에서 새로운 아내로 '넘어가는' 시기도 포함되어 있었다. 그 '이동 시기'는 대체로 2, 3년이었다. 헤밍웨이는 언제나 자신이 '여자를 버리는 남자'이길 바랐고 또 그렇게 행동했다.

　하지만 그런 헤밍웨이도 실연당한 적이 없는 것은 아니었다. 〈열 명의 인디언〉이라는 단편소설에는 친하게 지내던 인디언 소녀에게 배신당하는 소년의 이야기가 나오는데, 이것은 헤밍웨이가 소년 시절에 겪었던 일화가 거의 그대로 반영된 것이다. 또 제

1차 세계대전에 참전해서 부상당한 적이 있는데, 그때 알게 된 간호사에게 사랑을 느꼈으나 차이고 말았다. 《무기여 잘 있거라》에 등장하는 여주인공의 모델이 그 간호사라고 하는데, 열아홉 살이었던 헤밍웨이에게는 참으로 쓰라린 경험이었을 터였다.

어린 시절 겪은 가슴 아픈 실연의 경험은 헤밍웨이의 여성관을 더욱 오만방자하고 자유분방한 것으로 만들어놨음에 틀림없다. 그는 언제나 여자와 '전투'를 벌이고 있었으며, 그 전투에서 절대로 져서는 안 된다는 게 그가 품은 인생관이었다. 여자와의 전투에서 이긴다는 것은 사랑에 빠지지 않는다는 것이며, 상대에게 실연의 쓰라린 아픔을 맛보게 하는 것이었다. 그리고 스무 살 이후 헤밍웨이는 이 전투에서 한 번도 패배한 적이 없었다.

● 남자다움은 '싸우는 것'

'싸우는 것', 이것이 헤밍웨이가 가장 열중한 일이었다. "투우사를 제외하고 자신의 인생을 제대로 살아가는 사람은 없다"고 말했을 정도다. 헤밍웨이의 소설 속 주요 인물들은 주로 투우사, 복서, 사냥꾼, 군인 등이다. 모두 '싸우는 것'을 삶의 보람으로 삼는 사람들, 혹은 '싸우는 것'을 숙명으로 삼는 사람들이다. 다시 말하면 싸우지 못하게 됐을 때 존재 가치를 상실해버리는 사람들이다.

그러나 그들이 항상 남자답고 용맹하다고는 단정할 수 없다. 싸우는 것을 삶의 보람으로 삼는 사람이 항상 겁내는 것은 '너는 겁쟁이'라는 비난이다. 〈프란시스 매코머의 짧지만 행복한 생애〉라는 단편에는 상처 입은 사자가 달려드는 것을 보고 놀라 도망치는 주인공 매코머가 아내에게서 "당신은 겁쟁이예요"라는 소리를 듣는 장면이 나온다. 매코머는 아내가 수렵 안내인과 바람을 피우는 것을 알면서도 좀처럼 강경하게 대응하지 못한다. 어떻게든 겁쟁이라는 오명에서 벗어나고자 애쓰던 매코머는 물소 사냥에 나가 상처 입은 물소를 쫓아가는 사이 갑자기 전신에 용기가 가득 차오르는 것을 느낀다. 그 심리 상태를 헤밍웨이는 이렇게 묘사했다.

> 수술이라도 받은 것처럼 공포감이 사라졌다. 그리고 그 후로 무언가 별개의 것, 어엿한 남자에게 중요한 무언가가 생겨났다. 어엿한 남자로 만들어주는 것, 그것은 여자도 알고 있다.

이렇게 용감해진 매코머는 돌진하는 물소에 맞서지만 그 거대한 물소의 몸체가 매코머를 덮친다. 그때 근처에 있던 매코머의 아내가 총을 쐈고, 그 탄환은 물소가 아닌 매코머의 머리를 관통해버린다. 느닷없고 갑작스럽게 용감해졌다가 뜻밖의 죽음을 맞이하는 그 짧은 순간이 매코머에게 있어 진실된 '짧지만 행복한 생애'였던 것이다. 이것이야말로 헤밍웨이의 '삶의 방식'을 그대로 요약한 것이 아닐까 싶다.

헤밍웨이와 친한 사이였던 작가가 '헤밍웨이는 겁쟁이'라는 글을 쓰기도 하고, '가짜 가슴 털을 붙이고 다니는 소설가'라는 소리를 비평가에게 듣기도 했다. 그럴 때마다 헤밍웨이는 도가 지나칠 정도로 격렬하게 화를 냈다. '진실'만큼 사람을 화나게 하는 것은 없다. 가까운 사람들은 그의 '진실'을 다 꿰뚫어보고 있었을 것이다. 그의 인생은 내내 자신의 남자다움을 증명하기 위한 여정이었다.

● 치열한 전투 끝의 죽음

헤밍웨이의 남자다움은 단순히 꾸며낸 것만은 아니었다. 그는 말 그대로 불사신이자 만신창이였다. 182센티미터의 키에 100킬로그램의 체중을 가진 건장한 그였지만, 열아홉 살 때부터 참여한 전장에서 포탄에 맞는 바람에 다리에 228개나 되는 파편이 박혀 있었다. 약 3개월에 걸친 입원 기간 동안 적출 수술을 20번이나 받기도 했다. 자동차 사고도 3번이나 당했다. 처음에는 운전하던 차가 도랑에 빠져 오른팔이 골절되었고, 두 번째는 등화관제燈火管制 중이던 런던에서 등도 켜지 않고 달리는 차에 동승했다가 중상을 입었다. 그다음 해에는 폭우 속에서 운전을 하다 동승했던 아내와 함께 다치기도 했다.

이러한 부상의 역사 중 가장 화려한 건 쉰다섯 살에 겪은 비행기 사고였다. 헤밍웨이 부부가 아프리카 빅토리아호수 관광을 위해 탑승한 세스나 비행기가 정글에 추락했고, 전 세계에 '헤밍웨이 사망'이라는 뉴스가 퍼졌다. 다행히 헤밍웨이 부부는 구조되었고 목숨에 지장은 없었지만, 구출을 위해 온 비행기가 이륙에 실패하며 기체에 불이 붙고 말았다. 처음 추락 시에 이미 오른쪽 어깨에 화상을 입었던 헤밍웨이는 비행기 문을 부수고 탈출해 겨우 목숨을 구할 수 있었다.

이 덕분에 '불사신 헤밍웨이'라는 이미지가 퍼지게 됐다. 그러나 사고가 반복되며 쌓인 육체의 부상은 점차 그의 정신까지 갉아먹고 있었다. 헤밍웨이는 오십 대 후반을 넘길 무렵부터 자주 극도로 피곤해했고, 고혈압과 불면증에 시달렸다. 종국에는 피해망상에 시달리며 우울증이 심해지는 바람에 정신병원에 입원하게 됐다. 그리고 일시적으로 퇴원했을 때, 가족 중 누군가가 지하실에 숨겨둔, 평소에 그가 애용하던 엽총을 찾아내 자살하고 말았다. 참고로 그의 아버지와 손녀도 모두 자살로 생을 마감했다.

'치열한 전투 끝의 죽음'이라는 것은 헤밍웨이의 문학에서 중요한 테마 중 하나다. 《노인과 바다》에서는 거대한 물고기와 전투를 마친 노인이 사자의 꿈을 꾸며 죽어가는 내용이 암시돼 있다. 《킬리만자로의 눈》에서는 "인간은 포기하지 않는 한 죽지 않아"라는 대사가, 《누구를 위하여 종은 울리나》에서는 "이 세계는 아름다운 곳이고, 그것을 위해 싸울 만한 가치가 있는 곳이지. 그래서 이 세계를 떠나기가 싫은 거야"라는 대사가 나온다.

이러한 헤밍웨이에게 있어 남자다움을 상실한 자신의 몸에 최후의 일격을 가하는 것, 그것이 그가 마지막으로 해낼 수 있었던 남자다운 행동 아니었을까.

○ 책만큼 신뢰할 수 있는
친구는 없다.

제2차 세계대전 중 헤밍웨이, 1944

○ 나이가 들수록
영웅을 찾는 것이 더 어렵다.
하지만 나이가 들면 들수록
영웅이 더 필요하다.

○ 지금 이 순간은 현재 가지고 있지
않은 것을 생각할 때가 아니다.
현재 가지고 있는 것으로 무엇을
할 수 있을까를 생각할 때다.

○ 삶에 대해서 글을 쓰려면,
먼저 삶을 살아봐야 한다.

《노인과 바다》

○ 타인보다 우수하다고 해서
고귀한 것은 아니다.
과거의 자신보다 우수한
것이야말로 진정으로 고귀한
것이다.

○ 여기저기 옮겨 다닌다고 해서
자기 자신으로부터 도망칠 수는 없다.

아프리카에서, 1953

영광, 명예, 용기, 신성함 같은 추상적 단어들은
마을의 명확한 이름이나 번지수, 강의 이름, 연대 넘버,
또는 날짜 옆에서 허상에 불과한 것이었다.

《무기여 잘 있거라》

인간은 파괴될 수는 있어도
패배할 수는 없다.

《노인과 바다》

인간은 포기하지 않는 한 죽지 않아.

《킬리만자로의 눈》

이 세계는 아름다운 곳이고,
그것을 위해 싸울 만한 가치가 있는 곳이지.
그래서 이 세계를 떠나기가 싫은 거야.

《누구를 위하여 종은 울리나》

**이번 사파리 여행에서는 안락을
최소한으로 줄였다.
고생스러운 일은 없었지만
호화스러운 사치도 없었다.
이렇게 함으로써 그는 다시 단련된
생활로 돌아갈 수 있으리라고
생각했다.**

《킬리만자로의 눈》

팜플로나 축제에서 헤밍웨이, 1959

Ernest Miller Hemingway

Hermann Karl Hesse

헤르만 헤세

독일 칼프 1877 ~ 스위스 몬타뇰라 1962

내면으로 가는 길은 어디에

1877년 독일 뷔르템베르크의 칼프에서 태어난, 독일의 시인이자 소설가, 화가다. 선교사인 아버지와 독실한 신자인 어머니로부터 엄격한 교육을 받으며 자랐다. 신학교에 입학했으나 정신병원에 입원하는 등 질풍노도의 청소년기를 보낸 후 서점의 견습생, 시계공장의 견습공 등으로 일하면서도 독서에 몰두하여 문학적 소양을 쌓았다.

1899년 출간한 첫 시집 《낭만적인 노래》가 라이너 마리아 릴케의 인정과 문단의 주목을 함께 받으며 유명해지기 시작했다. 1904년 장편소설 《페터 카멘친트》를 통해 문학적 지위를 확고히 했다. 같은 해 아홉 살 연상의 피아니스트 마리아 베르누이와 결혼했지만, 1923년 이혼하고 스위스 국적을 획득했다. 1906년 《수레바퀴 아래서》를 출간했고, 1919년 《데미안》을 출간했다. 스위스 몬타뇰라로 이사한 1919년을 전후로 헤세는 개인적인 삶에서 커다란 위기를 겪으며, '내면으로 가는 길'을 추구하기 시작했다. 인도 여행을 통한 체험을 투영한 《싯다르타》를 1922년 출간했으며 이어 《황야의 이리》 《지와 사랑》 《동방순례》 등 전 세계 독자들을 열광시킨 작품들을 발표했다. 1946년 《유리알 유희》로 노벨문학상과 괴테상을 동시에 수상하기도 했다. 평화주의자인 헤세는 제1차 세계대전 당시 전쟁을 비판해 나치 정권으로부터 '매국노'라는 비난을 받기도 했다. 세상을 떠날 때까지 자기실현을 위해 쉬지 않고 노력해온 헤세는 1962년 8월, 제2의 고향인 스위스의 몬타뇰라에서 뇌출혈로 사망했다.

대표작으로 《페터 카멘친트》 《수레바퀴 아래서》 《크눌프》 《데미안》 《싯다르타》 《나르치스와 골드문트》 《유리알 유희》 등이 있다.

● 수레바퀴에 짓눌린 젊은이의 비극

흔히 청춘, 특히 청소년기를 우리는 질풍노도의 시기라고 한다. '강한 바람과 성난 파도의 시기'라는 뜻으로, 격동적인 감정 변화를 느끼는 청소년기를 달리 이르는 말이다. 누구나 한번쯤 십 대 때 청춘의 광풍에 휘말리곤 한다. 하지만 헤르만 헤세만큼 이 쓰디쓴 청춘의 시기를 겪은 사람도 드물 것이다.

헤세는 일찍부터 인생의 장애물 경주에서 넘어지고 쓰러지며 평생 '위기'와 대결해온 사람이었다. 그래서 그의 소설에는 피하려 해도 피할 수 없는 경험을 한 사람만이 쓸 수 있는 독특한 서사가 녹아 있다. 그는 스스로를 황야의 '외로운 이리'라 칭할 정도로 위험 속에서 살아왔다.

헤세의 '인생의 위기'는 열네 살 때 처음 찾아왔다. 성직자 집안에서 태어난 헤세는 목사가 되기 위해 유서 깊은 신학교에 입학했지만, 반년 만에 중퇴하고 말았다. 그의 작품 《수레바퀴 아래서》에는 그때의 경험이 거의 사실 그대로 그려져 있다. 그는 부모의 곁을 떠나서 생활하던 기숙사와 학교의 엄격한 규칙에 무척이나 힘겨워했다. 성실한 수재였던 그는 점차 공부에 흥미를 잃기 시작했고 성적은 점점 바닥으로 떨어졌다. 두통과 불면증에 시달리다 공부에 집중하지 못하게 된 헤세는 허가도 받지 않고 학교에서 도망쳐 나왔고, 그 벌로 8시간 동안 감금당했다가 부모가 있는 집으로 쫓겨났다. 집으로 돌아온 헤세는 정신병원에 입원하지만 신경쇠약은 좀처럼 나아지지 않았고, 결국 자살까지 시도하게 됐다.

'수레바퀴 아래서'라는 제목은 학교라는 수레바퀴에 짓눌려버린 젊은이의 비극을 상징하는 것 아닐까. 결국 헤세가 말한 '수레바퀴'는 자신의 내면과 자신을 둘러싼 외부 모두를 비유하는 말이라 할 수 있다.

● 남들과 다르다는 것

그 후 헤세는 일반 고등학교에 진학했지만 여기서도 적응하지 못했다. 교과서를 팔아 권총을 사서는 또 자살을 시도했던 것이다. 다행히 이번에도 자살은 실패하고 말았지만, 불안정한 상태 때문에 고등학교를 중퇴할 수밖에 없었다. 제대로 된 일자리를 찾아 헤매던 헤세는 견습생으로 서점에 들어갔지만 사흘 만에 도망쳤다. 겨우 시계 공장에 자리를 잡게 되고, 도면과 시계 부품을 가지고 씨름하는 노동자가 됐다. 그야말로 '수레바퀴'에 짓눌린 고등학교 중퇴자, 낙오자가 되고 만 것이다.

"어째서 남들이 하는 것처럼 하질 못하느냐?".

이것이 분명 헤세가 많이 들었을 부모님과 선생님들의 말 아닐까. 어째서 남들이 하는 것과 똑같이 하지 못하는지 그 이유를 다 알 수 있었다면 처음부터 아무 문제가 없었을 것이다. 그것을 알지 못하니 헤세는 괴로워하고 고통스러워하지 않았을까.

"나는 동년배의 친구들과 함께 생활하며 기쁨을 나누는 것이 힘들어 견딜 수가 없었다. 나는 다른 이들로부터 절망적으로 단절돼 있었다. 살아가는 일은 나에게 전혀 허락되지 않은 일처럼 느껴졌다."

헤세가 고통스러워하며 했던 말이다. 십 대 소년은 '남들과 다르다'는 것에 얼마나 힘들었을까. 다른 사람과 동조되지 못하는 것을 마치 죄처럼 여겼을 것이다. 또 부모와 선생님들은 얼마나 많이 무조건의 동조화를 강요했을까. 중요한 것은 자신의 마음과 생각에 충실하게 살아가는 일이지만, 세상의 어른들은 그것을 쉽게 이해하고 가르쳐주지도 않았을 것이다. 그것은 특히 헤세에게 있어서는 스스로 깨달을 수밖에 없는 것이었다.

● 인생의 고독, 시로 풀다

헤세는 십 대 때 두 번이나 자살을 시도했다. 그리고 그 후 마흔 가까운 나이에도 신경쇠약에 걸려 정신과 치료를 받았다. 자살은 자기로부터의 도피라고 한다. 이 세상에서 삶을 이어나가는 것이 싫어서 자살하는 사람도 있고, 이 세상에 사는 자신 스스로가 싫어서 자살하는 사람도 있다. 헤세는 어떤 경우였을까? 헤세의 경험을 봤을 때, 스스로가 싫어서 자살이라는 방법을 택해 세상으로부터 도망친 것이라 볼 수 있다. 학교 공부도 싫고 장래의 희망도 사라진 스스로가 싫어서 택한 자살이라는 것이다.

사람은 한번쯤 '죽어버리고 싶다'는 생각을 한다고 한다. 물론 모든 사람이 다 그렇다는 것은 아니다. 보통 한두 번은 자살 충동을 느낀다는 얘기다. 그리고 보통의 사람은 이 충동을 살면서 잊는다. 하지만 헤세와 같은 진지한 사람은 이것을 잊지 않고 그때 자신의 심리상태가 어땠는지 분석해본다. 그리고 자기 자신과 맞서는 길을 택한다. 실제로 헤세는 남들과는 다른 자기 자신을 당당히 마주보고 그 존재를 잘 키워나갔다. 그러고는 마음속에 감춰둔 목표나 꿈을 이루어내기 위해 노력했다.

헤세의 꿈은 시인이었다. 독일에서는 소설을 쓰는 사람도 모두 시인이라고 칭하는 경우가 많다. 헤세는 열세 살 때부터 시인 외에는 다른 그 무엇을 생각해보지 않았다고 한다. 그런 헤세에게 있어 신학교에서의 공부는 흥미가 전혀 일어나지 않는 골칫거리였을 것이다. 좋아하는 것을 하지 못했을 때의 그 괴로움을 어찌 다 말로 표현할 수 있으랴. 헤세의 자살 시도는 이런 것에서 그 근원을 찾아야 하지 않을까.

일하는 사이사이 짬을 내어 시작한 '시인이 되기 위한 공부'는 얼마나 즐거웠을까. 독학이었지만 헤세는 문학, 예술, 철학 등을 순풍에 돛단 듯 섭렵해 나갔다. 스물다섯 살에 시집을 출판하면서 시인으로 이름을 알렸고, 스물일곱 살에 성장소설이자 첫 소설《페터 카멘친트》로 독일 문학계에 커다란 반향을 불러일으켰다. 그 후로 헤세는《수레바퀴 아래서》《데미안》《나르치스와 골드문트》등의 소설로 자신의 이름을 크게 떨치게 됐다. 그럼에도 불구하고 황야를 헤매는 한 마리의 고독한 이리라는 점에는 결코 변함이 없었다.

●자기실현을 위해 한시도 쉬지 않았던 사나이

헤세는 자신의 생애를 뒤돌아보며 끊임없이 자신의 내면세계를 이야기해왔다. 그렇다고 해서 외부에서 일어나는 세상사에 무관심한 것은 아니었다.

헤세는 1914년 제1차 세계대전이 일어나자 "사랑은 증오보다 고귀하고, 이해는 분노보다 높으며, 평화는 전쟁보다 고귀하다"는 글을 남겼다. 전쟁을 최우선의 가치로 여기고 있던 당시 독일 사람들은 이런 헤세의 평화주의적인 부르짖음을 매국노의 글이라 비난했다. 결국 헤세는 신문과 잡지에서 말 그대로 퇴출을 당했다. 제2차 세계대전이 일어났을 때도 스위스에 거주 중이었지만 나치를 향한 비방에 주저하는 법이 없었다. 이 여파로 독일에서 팔린 책의 인세를 나치 정권에게 몰수당했고 경제적으로 곤란한 상황에 빠지기도 했다.

내가 무척 사랑하는 하나의 덕목이 있다. 그것은 고집이라 불린다. 고집 있는 자는 다른 법칙, 즉 유일하고 절대적으로 신성한 법칙, 자기 자신의 내면의 법칙에 복종한다.

헤세는 이 말처럼 고집이라는 덕목에 충실한 삶을 살아나갔다. 그가 이런 삶을 산 건 아내이자 마음의 벗, 니논 아우스랜더와 함께 스위스의 몬타뇰라에 정착하고 나서부터의 일이었다.

헤세는 일생 동안 수많은 강연 의뢰를 받았지만, 모두 거절했다. 그가 대중 앞에 선 것은 단 한 번뿐이었다. 헤세는 노벨상 외에도 명예로운 상을 많이 받았지만, 시상식에는 단 한 번도 참석하지 않았다.

어찌 보면 헤세만큼 스스로 아웃사이더로 산 사람도 드물 것이다. 언제까지고 인간 세상을 멀리하며 아웃사이더로 살았기 때문이다. 하지만 그것은 사회로부터 완전히 단절된 삶을 살았다는 의미가 아니다. 자신이 바라는 삶의 방식을 유지하기 위해 사회와 거리를 두고 스스로를 고독하게 내몰았다는 의미다. 그리고 그는 그렇기 때문에 고통스러운 인생의 위기를 매번 뛰어넘어야 했다. 헤세는 이렇게 자기실현을 위해 한시도 쉬지 않고 꾸준히 노력하다가, 1962년 8월 뇌출혈로 세상을 떠났다.

신이 우리에게 절망을 보내는 것은 우리를 죽이기 위해서가 아니다. 우리에게 새로운 생명을 불러일으키기 위해서다.

고독과 대치하고 인생의 위기에 대립할 줄 알았던 헤세가 남긴 말이다. 헤세에게 가장 잘 어울리는 말이 아닐 수 없다.

〈피닉스〉 12세기
"새는 신에게로 날아간다. 그 신의 이름은 아브락사스다."

- 새는 알에서 나오려고 투쟁한다.
  알은 세계다. 태어나려는 자는 한 세계를 깨뜨려야 한다.
  《데미안》

- 인생에서 가장 중요한 것은 자신에게 부여된 길을 한결같이 똑바로 걷고 타인과 비교하지 않는 것이다.

- 지식은 사람에게 전해질 수 있으나, 지혜는 그렇지 않다.

- **누군가를 미워하고 있다면 그 사람의 모습 속에 보이는 자신의 일부분인 것을 미워하는 것이다. 나의 일부가 아닌 것은 거슬리지 않는다.**

- 단어, 글, 책이 없다면, 세상에 역사도 없었을 것이고 인간성이란 개념도 없었을 것이다.

- 서로 다른 사람이 되는 것은 우리의 목적이 아니다. 중요한 일은 서로 다른 개성을 지닌 사람으로 인정해주는 것이다.

- 딱 한 가지 중요한 것을 모른다면, 다른 모든 것을 알고 있다는 것이 도대체 무슨 가치가 있을까?
  《싯다르타》

○ 사랑이란 구걸로 얻을 수도 있고,
거리에서 주울 수도 있지만,
결코 강탈할 수는 없는 것이다.
《싯다르타》

○ **인간은 궁극적으로 건강해질 수 없으며 고통으로부터 자유로울 수도 없다. 그럼에도 우리는 우리 앞으로 다가올 것들에 또다시 호기심을 갖기 시작하고 운명을 사랑하게 된다.**

○ 눈을 떴을 때, 얼른 고개를 돌렸지만
데미안이 있던 자리에는 낯선 사람만이 누워
있었다. 이제 나는 완전히 그와 닮아 있었다.
《데미안》

○ 그러나 나는 열쇠를 발견했고,
때때로 어두운 거울 속, 운명의
형상이 졸고 있는 그곳, 내 자신의
내부에 완전히 들어가기만 하면,
나는 단지 그 어두운 거울 위에 몸을
굽히기만 하면 되었다. 그러면 이젠
완전히 데미안과 같은, 내 친구이자
인도자인 데미안과 같은 내 자신의
모습을 그곳에서 발견할 수 있었다.
《데미안》

헤르만 헤세의 초상, 1909

Hermann Karl Hesse

INDEX

거장 시대순으로 보기

생년순

1265–1321	단테 알리기에리	024
1749–1832	요한 볼프강 폰 괴테	014
1783–1842	스탕달	174
1799–1850	오노레 드 발자크	094
1804–1876	조르주 상드	144
1812–1870	찰스 디킨스	044
1818–1848	에밀리 브론테	124
1821–1881	표도르 도스토옙스키	034
1828–1910	레프 니콜라예비치 톨스토이	244
1835–1910	마크 트웨인	254
1850–1893	기 드 모파상	074
1854–1900	오스카 와일드	184
1854–1891	아르튀르 랭보	054
1860–1904	안톤 체호프	224
1861–1937	루 살로메	134

1871–1922	마르셀 프루스트	264
1877–1962	헤르만 헤세	304
1882–1941	버지니아 울프	194
1883–1924	프란츠 카프카	234
1885–1930	D. H. 로렌스	064
1891–1980	헨리 밀러	084
1896–1940	F. 스콧 피츠제럴드	284
1897–1931	쉬즈모	164
1899–1961	어니스트 헤밍웨이	294
1900–1944	앙투안 드 생텍쥐페리	154
1908–1986	시몬 드 보부아르	114
1910–1937	이상	204
1912–1996	백석	104
1920–1995	장아이링	214
1932–1963	실비아 플라스	274

INDEX

거장 시대순으로 보기

생몰순

1265–1321	단테 알리기에리	024
1749–1832	요한 볼프강 폰 괴테	014
1783–1842	스탕달	174
1818–1848	에밀리 브론테	124
1799–1850	오노레 드 발자크	094
1812–1870	찰스 디킨스	044
1804–1876	조르주 상드	144
1821–1881	표도르 도스토옙스키	034
1854–1891	아르튀르 랭보	054
1850–1893	기 드 모파상	074
1854–1900	오스카 와일드	184
1860–1904	안톤 체호프	224
1835–1910	마크 트웨인	254
1828–1910	레프 니콜라예비치 톨스토이	244
1871–1922	마르셀 프루스트	264

1883–1924	프란츠 카프카	234
1885–1930	D. H. 로렌스	064
1897–1931	쉬즈모	164
1861–1937	루 살로메	134
1910–1937	이상	204
1896–1940	F. 스콧 피츠제럴드	284
1882–1941	버지니아 울프	194
1900–1944	앙투안 드 생텍쥐페리	154
1899–1961	어니스트 헤밍웨이	294
1877–1962	헤르만 헤세	304
1932–1963	실비아 플라스	274
1891–1980	헨리 밀러	084
1908–1986	시몬 드 보부아르	114
1920–1995	장아이링	214
1912–1996	백석	104

나를 가만히 안아준 어떤 문장은,